WHY MISSION?

WHY MISSION?

엮은이 · 온누리2000선교본부
초판 발행 · 2015. 8. 17
2판 1쇄 발행 · 2024. 4. 3
2판 2쇄 발행 · 2024. 9. 27
등록번호 · 제1988-000080호
등록된 곳 · 서울특별시 용산구 서빙고로65길 38
발행처 · 사단법인 두란노서원
영업부 · 2078-3333 FAX 080-749-3705
출판부 · 2078-3331

책 값은 뒤표지에 있습니다.
ISBN 978-89-531-4834-5 03230

편집부에서 독자의 의견을 기다립니다.
tpress@duranno.com   http://www.duranno.com

두란노서원은 바울 사도가 3차 전도 여행 때 에베소에서 성령 받은 제자들을 따로 세워 하나님의 말씀으로 양육하던 장소입니다. 사도행전 19장 8-20절의 정신에 따라 첫째 목회자를 돕는 사역과 평신도를 훈련시키는 사역, 둘째 세계선교(TIM)와 문서선교(단행본 · 잡지) 사역, 셋째 예수문화 및 경배와 찬양 사역, 그리고 가정 · 상담 사역 등을 감당하고 있습니다. 1980년 12월 22일에 창립된 두란노서원은 주님 오실 때까지 이 사역들을 계속할 것입니다.

와이 미션?

WHY
MISSION?

하나님을 기쁘게, 열방이 주를 기뻐하게

두란노

발간사 _ 하나님의 계획에 우리 인생의 목적을 맞추다

회심을 통해 구원받은 성도들은 하나님의 자녀로서 큰 복을 누리며 살아갑니다. 죄 사함은 물론 하나님이 주시는 평안과 사랑, 기쁨을 누리는 엄청난 은혜가 약속되어 있습니다. 이것은 세상에서는 얻지 못하는, 오직 하늘로부터 부어지는 진정한 복입니다.

하지만 믿음을 가진 성도가 일평생 하나님께서 주시는 복을 누리기만 하고 사는 것은 하나님이 기뻐하시는 삶이 아닐 것입니다. 하나님의 이 땅을 향한 계획에 우리 인생의 목적을 맞추는 것이 합당하기 때문입니다. 죄 사함과 구원의 기쁨을 얻은 후 신앙이 점점 성숙하고 있다면, 그리고 하나님의 자녀로 택함 받았다면 아바 아버지이신 하나님의 눈이 향해 있는 곳을 바라보아야 합니다.

성경 전체를 조명해 보면 하나님의 마음이 복음을 접하지 못한 열방을 향해 있음을 알 수 있습니다. 세계 역사를 하나님의 관점에서 해석하고 바라보면 하나님께서 열방을 향해 일하시고 있음을 깨닫게 됩니다. 특히 수천 년 동안 복음을 몰랐던 우리 민족이 복음을 받아들이고 영적 부흥을 통해 선교대국으로 쓰임 받게 된 것은 하나님의 은혜가 아니면 설명할 길이 없습니다. 이는 선교사들의 희생과 헌신이 있었기에 가능했습니다.

선교는 문화와 언어의 장벽을 넘어가야 하기 때문에 많은 시행착오를

겨게 됩니다. 그렇기 때문에 하나님의 지혜가 필수적입니다. 하나님의 시선이 향한 곳을 하나님의 마음으로 바라보고 열방을 위해 일하시는 하나님의 사역에 동참하기 위해서는 준비가 필요합니다. 선교는 일시적 감정이나 구호만으로 이루어지는 것이 아니기 때문입니다. 선교는 하나님이 주관하시는 엄청난 사역이자 역사적 과업이므로 우리 각자는 마치 군함에 탄 군인들처럼 맡겨진 사명을 수행하기 위해 훈련되어 움직여야 합니다.

이 책은 온누리교회의 선교 기초 훈련 과정인 'Why Mission?' 프로그램을 토대로, 평신도들도 쉽게 읽을 수 있도록 제작된 '선교 입문서'입니다. 특히 하나님의 기뻐하시는 선교사로, 또한 신학 교수로 활발하게 활동하고 있는 여섯 분의 저자가 독창적인 선교 지식과 관점으로 집필해 더욱 흥미를 더합니다. 새롭게 옷을 입은 이 책이 'Why Mission?' 훈련 프로그램 교재로서의 역할과, 동시에 열방을 향한 하나님의 열정을 전하는 메신저의 역할을 하기를, 그래서 이 책을 읽는 모든 성도가 어느 영역에 있든지 하나님의 선교에 쓰임 받는 복된 삶을 살게 되기를 기대합니다.

이재훈_ 온누리교회 담임목사

c

o

n

t

e

n

t

s

성도라면 선교하라

하나님은 선교의 하나님이시다. 자기 아들마저도 아끼지 않고 세상에 내어 주신 하나님은 지금도 자기 백성을 세상에 파송하신다. 예수님의 피 값으로 구속된 교회는 선교를 위해 세상에 파송된 공동체이다. 오늘날 교회들이 열방을 향한 하나님의 진심과 열정을 이해하게 된다면, 교회의 선교적 본질을 깨닫게 된다면 선교적 공동체로 자신을 재조정하지 않을 수 없을 것이다.

처음부터 복음은 모든 민족과 피조세계를 구속하기 위한 것이었다. 하나님이 아브라함이나 이스라엘을 선택하신 것은 그들만을 위해서가 아니라 모든 민족과 열방에게 복 주시려는 도구적 부르심이었다. 예수님의 십자가 사건은 유대인뿐 아니라, 열방을 구속하기 위한 것이었다. 초대교회와 무명의 선교사들은 열방을 향한 하나님의 이러한 선교적 계획을 깨달았기에, 놀라운 열정과 희생으로 선교에 헌신할 수 있었다.

> 내가 달려갈 길과 주 예수께 받은 사명 곧 하나님의 은혜의 복음을 증언하는 일을 마치려 함에는 나의 생명조차 조금도 귀한 것으로 여기지 아니하노라(행 20:24)

이 책은 성도들에게 교회의 이러한 선교적 본질을 깨우치고, 왜 구원받은 모든 성도가 선교에 동참해야 하는지에 대한 성경적, 역사적, 문화적 기초를 제공한다.

온누리교회는 지난 2002년부터 지금까지 평신도를 위한 선교 기초 훈련 프로그램으로, 'Why Mission?' 과정을 진행해 왔다. 국내외를 포함하여 약 6천여 명의 성도가 이 훈련을 수료하고 곳곳에서 선교사적 삶을 살아가고 있다. 그뿐만 아니라 'Why Mission?'이 외부에 알려지면서, 세계 각지로부터 이 훈련 프로그램을 개설해 달라는 요청을 받고 있다. 이에 기존의 훈련 교재를 재정비할 필요를 느끼고, 그동안 선교 현장에서 많은 열매를 맺고 또 학문적으로 고민하며 연구해 온 선교사님과 교수님께 각 주제별로 집필을 의뢰했다. 특별히 귀한 시간을 내어 참여해 주신 여섯 분의 집필진들에게 깊은 감사를 드린다.

1장은 미션파트너스를 이끌고 있는 한철호 선교사가 집필을 맡아 주었다. 최근 선교신학은 교회 중심의 선교에서 하나님 나라 중심의 선교로 패러다임이 변화되어 왔다. 한철호 선교사는 이러한 흐름을 잘 반영하여 하나님 나라의 개념과 선교의 궁극적인 목적인 하나님의 영광에 대해 잘 설명해 주고 있다.

2장은 장로회신학대학교 김영동 교수가 맡아 주었다. 김영동 교수는 구약에 나타난 선교를 최근 새롭게 부각되고 있는 하나님의 선교 관점에서 잘 설명해 주고 있다.

3장은 합동신학대학원대학교의 김학유 교수가 맡아 주었다. 김학유 교수는 예수님의 최대 관심사가 선교였고, 초대교회는 선교적 본질 위에서 선교적 비전과 열정이 가득한 교회였음을 잘 설명하고 있다.

4장은 침례신학대학교의 이현모 교수가 맡아 주었다. 이현모 교수는 교회의 역사가 곧 선교의 역사였음을, 그리고 현대의 기독교 부흥이 있기까지 수많은 선교적 헌신과 희생이 있어 왔음을 잘 설명해 준다. 특별히 이현모 교수는 책 전체 감수를 맡아 수고해 주었다.

5장은 세계선교공동체의 이용남 선교사가 맡아 주었다. 이용남 선교사는 복음이 한국에 어떤 헌신과 수고를 통해 전해졌고, 우리는 어떻게 부흥을 경험했는지, 그리고 이제 한국 교회가 어떻게 선교하는 교회로서의 책임을 감당하게 되었는지를 설명하고 있다.

6장은 인도네시아에서 오랫동안 선교사로 헌신하다가 지금은 선교 동원 사역에 힘을 쏟고 있는 손창남 선교사가 맡아 주었다. 손창남 선교사는 문화와 선교의 상관관계를 설명하고, 선교의 문을 열기 위해 그 지역의 문화를 이해하고 학습하는 과정이 반드시 필요함을 말한다.

이 책에서 모든 집필진이 중점을 두었던 것은 성도가 선교를 쉽게 이해할 수 있도록 하는 것이었다. 'Why Mission?' 훈련 프로그램 교재에서 출발했지만, 신앙의 성장을 위해, 하나님께서 기뻐하시는 삶을 살기 원하는 성도라면 모두가 이 책을 읽어 보기를 권한다. 온누리교회뿐만 아니라, 다른 여러 교회와 성도들에게 큰 도움이 될 수 있기를 기대한다.

이 책이 완성되기까지 기도하면서 수고를 마다하지 않은 'Why Mission?' 교재 개발 TF팀과 사역자들 그리고 출간을 위해 애써 주신 두란노서원에게도 깊은 감사를 드린다. 이 책을 통해 모든 구원받은 성도가 선교사적인 삶을 살아감으로 각 나라와 족속과 백성이 어린양 앞에 서서 "구원하심이 보좌에 앉으신 우리 하나님과 어린 양에게 있도다"(계 7:10)라고 외치는 그날이 속히 올 것을 확신한다.

김홍주_ 온누리 2000선교 본부장 목사

이렇게 읽으십시오

◆ **구원받은 그리스도인이라면 선교해야 합니다.**

이 책은 선교를 가장 기초적으로 이해할 수 있도록 하나님은 누구시며 우리에게 무엇을 원하고 계시는지 근원적인 곳에서부터 출발합니다. 구약과 신약을 통한 하나님 말씀을 근거로 선교를 이야기하며, 역사와 문화를 통해 선교가 우리에게 어떤 의미인지 다루고 있습니다. 따라서 하나님을 믿고 구원받은 그리스도인이라면 누구나 이 책을 통해 선교를 더 잘 알아갈 수 있습니다.

◆ **선교 기초 훈련을 위한 책입니다.**

하나님을 믿는 우리는 교회입니다. 교회인 우리의 존재 목적은 복음 전도입니다. 국경과 관계없이 타 문화권으로 복음을 전하는 것을 선교라고 합니다. 우리는 언제 타 문화권 사람을 만날지 모릅니다. 많은 성도가 선교를 부담스러운 것, 특별한 사람만 하는 것으로 잘못 이해하고 있습니다. 그러나 선교는 모든 성도가 해야 할 몫입니다. 모든 그리스도인이 선교를 이해하고 선교사적 삶을 살아가기 위해서는 체계적인 선교 기초 훈련이 필요합니다. 이 책은 그러한 목적에 가장 적합한 프로그램을 제공합니다.

◆ **강의 교재로 활용할 수 있습니다.**

이 책은 일곱 개의 대주제로 나뉘어 있습니다. 필요에 따라 강의 교재로도 활용이 가능합니다. 강의 순서는 이야기 구성상 이 책의 순서를 따라서 하는 것이 좋습니다. 강의 전 훈련 참여자들이 책을 꼼꼼히 읽으면서 예습을 하도록 지도하고, 강의 후에는 각 장 마지막에 있는 질문으로 모임을 만들어 토론하도록 합니다. 강의는 90분 정도가 좋고, 조별 토론은 40-50분 정도가 적절합니다.

◆ 소그룹 또는 개별적 선교 학습서로도 좋습니다.

이 책은 소그룹에서도 활용이 가능합니다. 1회 모임에 한 장의 내용을 다루는 것이 좋습니다. 소그룹원이 각 장의 내용을 적절히 분할하여 미리 읽고 예습하여 요약 발표하고, 각 장에 있는 질문을 중심으로 토론 및 나눔을 하도록 합니다.

◆ 우리는 선교를 떠나서는 존재할 수 없습니다.

하나님께서는 온 열방으로부터 영광 받으시기 위해서 예배가 없는 곳에 예배를 회복하도록 우리가 선교하기를 원하십니다. 대부분의 성도들은 선교를 부담스러워하거나 기피하기까지 합니다. 이 책은 꼭 선교사로 헌신해야만 한다는 데 목적을 두지 않습니다. 예수님을 믿는 우리 모두가 어떤 모습으로든 선교사적 삶을 살도록 하는 데 목적을 두고 있습니다. 이 책을 통해 선교를 좀 더 잘 이해한다면 우리의 삶은 선교를 떠나서는 존재할 수 없음을 알게 될 것입니다.

※ 'Why Mission?' 훈련 개설 문의는 02-3215-3644 또는
2000missions@daum.net으로 해주시기 바랍니다.

땅의 모든 끝이 여호와를 기억하고 돌아오며

모든 나라의 모든 족속이 주의 앞에 예배하리니

나라는 여호와의 것이요 여호와는 모든 나라의 주재심이로다

I

사명 선언문

'Why Mission?'은 구원받은 모든 성도가 하나님의 선교 계획에 참여하여 '가든지 보내든지' 세계 복음화를 위해 살게 한다.

I

비전 선언문

선교 비전 : 유일한 구원의 책 성경이 온 인류를 위한 선교전서이며, 역사와 문화 전 영역에 하나님의 통치와 섭리가 완성됨을 믿는다.

선교 동원 : 장·단기 선교 헌신자를 발굴하고, 국내외 타 문화권 선교 현장에 참여할 동역자를 일으킨다.

선교적 삶 : 삶의 현장에서 다양한 은사와 전문 영역을 따라 국내외 선교 사역에 참여한다.

01

온 세상이
하나님의 영광을
보게 하라

한철호

성경은 하나님에 관한 책이다. 성경이 사람들에 대한 이야기로 가득 차 있기는 하지만, 사실은 하나님에 관한 책이다. 성경은 하나님께서 세상을 창조하시고 세상 만물과 인간들의 삶에 관여하심을 통해 자신을 드러내신 일들의 기록이다. 다시 말해, 성경은 창조의 목적을 보여 주시는 "하나님에 관한 이야기"이다.[1]

성경에 나타난 하나님의 창조 목적은 온 세상에 복 주시는 것, 즉 온 세상을 구원하시는 것이다. 이러한 하나님의 계획을 실행하는 방법이 바로 선교다. 선교를 통해 하나님의 나라가 이 땅에 세워지고, 온 세상이 구원을 얻게 되며, 하나님께서는 온 세상으로부터 영광을 받으시게 된다. 따라서 성경에 나타난 하나님 나라와 하나님의 영광 그리고 이 모두와 선교와의 관계를 살펴보는 작업은 선교를 이해하는 중요한 출발점이 된다.

크리스토퍼 라이트(Christopher Wright)는 ≪하나님의 선교≫에서 "성경은 온통 선교에 대한 내용이라 해도 과언이 아니다"라고 말한다.[2] 또 그는 성경을 단지 기독론적 초점을 가지고 살펴볼 뿐 아니라 선교학적 초점을 가지고 들여다봐야 한다고 주장한다.[3] 왜냐하면 성경은 하나님의 전 세계적인 목적이 성취되는 과정을 기

---

1 랄프 윈터 · 스티브 호돈 · 한철호, 정옥배 외 3인 역 ≪퍼스펙티브스 1≫ (예수전도단, 2010), 119. 스티브 호돈의 '하나님의 영광에 관한 이야기' 인용.
2 크리스토퍼 라이트, 한화룡 역 ≪하나님의 선교≫(IVP, 2010), 35.
3 같은 책, 37.

록한 것이기 때문이다.

주님을 사랑하는 구원받은 성도로서 선교에 참여하기 위해 우리는 먼저 성경 가운데 나타난 하나님의 목적이 무엇인지 발견하고, 하나님의 목적과 선교가 어떤 관련을 맺는지 살펴봐야 한다. 이를 통해 우리는 오늘날 하나님의 백성인 교회와 성도가 하나님의 목적과 선교를 위해 어떻게 반응해야 하는가를 알게 될 것이다.

이 땅은 하나님 나라다

하나님께서 이 세상을 향하여 하신 첫 번째 일은 창조이다.

> 태초에 하나님이 천지를 창조하시니라(창 1:1)

성경의 첫 문장은 하나님이 창조주이시며, 이 세상은 하나님의 피조물이요 소유임을 선언한다. 창조주의 특권은 자신이 원하는 대로 피조물을 짓고 다스리는 것이다. 하나님은 좋은 창조주이시다. 하나님은 전지하시고 전능하실 뿐만 아니라 좋으신 분이다. 그래서 이 세상을 좋고 아름답게 창조하셨다. 하나님이 세상을 만드시고 "보시기에 좋았더라"라고 말씀하신 것은 이 세상이 하나님의 의도대로 창조되었음을 가리킨다.

따라서 피조물의 특권은 '좋으신 창조주'가 주시는 복을 누리고, 그분의 통치를 따르는 것이다.

> 하나님이 그들에게 복을 주시며 이르시되 생육하고 번성하여 여

러 바닷물에 충만하라 새들도 땅에 번성하라(창
1:22)

하나님은 이 세상에 복을 주신다. 복 받은 세상은 번
성하고 충만하여 복 주신 하나님을 기뻐하고 즐거워하
게 된다. 즉, 좋으신 하나님에 의해 창조된 세상의 모든
피조물은 하나님의 복을 받고 하나님의 통치 아래 그
복을 누리며 사는 것이다.

성경은 이것을 '하나님 나라'의 개념으로 설명한다.
일반적으로 '나라'라고 말할 때는 영토, 국민, 주권 등
의 요소를 생각하게 된다. 하나님의 나라도 같은 방식
으로 이해할 수 있다. 하나님에 의해서 창조된 이 세상
은 모두 하나님의 영토이며, 이 세상의 모든 사람은 하
나님 나라의 국민이다. 그리고 그 영토와 국민을 다스
리시는 하나님의 주권이 존재한다. 주권은 달리 말해
통치권이라고 할 수 있다. 즉, 하나님께서 온 세상을 통
치하고 다스리시는 것이다. 하나님의 통치에 대해 성경
은 이렇게 선포한다.

> 27땅의 모든 끝이 여호와를 기억하고 돌아오며
> 모든 나라의 모든 족속이 주의 앞에 예배하리
> 니 28나라는 여호와의 것이요 여호와는 모든 나
> 라의 주재심이로다(시 22:27-28)

시온아 여호와는 영원히 다스리시고 네 하나님은 대대로 통치하시리로다 할렐루야(시 146:10)

그런데 하나님이 통치하시는 세상, 곧 하나님 나라가 사탄의 방해로 훼손되었다. 본래 하나님께로부터 자유롭게 창조된 천사장들은 하나님 나라를 다스리도록 놀라운 지혜와 권세를 받았다(겔 28:12-17). 그런데 그 천사장에게 주어진 위대함이 교만함으로 변질되어(사 14:14), 오히려 그들이 하나님을 등지고 말았던 것이다. 타락한 천사장과 그를 따르는 무리가 자신들의 나라 곧 어둠의 나라를 만들어 하나님 나라를 대적하기 시작했다(계 12:4-7). 그들의 목표는 "지극히 높은 이와 같아지리라"(사 14:14)는 것이었다.

이렇게 사탄이 타락한 후 사람이 창조되었다. 하나님께서는 피조물을 다스리시기 위해 하나님의 형상과 모양을 따라 사람을 만드셨다(창 1:26). 그리고 사람은 하나님의 대리인이 되어 창조된 피조물을 잘 다스려 하나님께 영광을 돌리도록 하는 사명을 받았다.

이를 위해 하나님은 인간에게 세상을 다스릴 수 있는 자유의지를 주셨다. 자유의지란 스스로 무엇인가를 선택할 수 있는 권한이다. 인간은 하나님께로부터 받은 그 특권을 사용해서 하나님의 의도대로 선을 선택하고, 선한 방법으로 이 세상을 다스리도록 권한을 부여받은 것이다.

그 권한이 사람에게 주어졌음을 알리는 표지가 바로 선악을 알게 하는 나무이다(창 2:17). 스탠리 엘리슨(Stanley Ellison)은 "선악을 알게 하는 나무는 인간을 일부러 함정에 빠트리려는 하나님의 함정이나 수단이 아니라 피할 수 없는 시험의 수단이었다"라고 말한다. 즉 선악과란 하나님

께서 인간에게 선을 택할 수 있는 특권을 주셨음을 알리는 표식이라는 것이다.[4]

동시에 그것은 이 세상을 선하게 다스려 갈 것을 인간에게 위임하신 선언의 기호이기도 하다. 만약 아담과 하와가 사탄의 의도에 굴복하기보다 오히려 선을 택함으로 하나님의 의도에 순종하고 이 세상을 선하게 통치하는 일에 헌신했다면, 그들과 세상은 하나님의 생명나무를 먹을 수 있었을 것이다. 또 하나님의 의가 영원히 입증될 수도 있었다(창 3:24, 계 22:2). 그렇게 되었다면 하나님이 창조하신 의도대로 세상이 하나님의 복을 경험하게 되고, 이곳에 하나님의 나라가 세워졌을 것이다.

하나님의 구원계획이 완성되다

그러나 하나님의 이러한 의도는 인간이 악을 선택하고 타락함으로 엉망진창이 되어 버렸다. 이제 인간은 타락한 천사장과 마찬가지로 하나님의 심판의 대상이 된 것이다. 그러나 하나님은 전능하신 분이며 복 주길 원하시는 분이다. 하나님은 선하고 멋지게 창조한 세상을 사탄의 통치아래 그대로 방치해 두실 분이 아니다.

---

4 랄프 윈터 · 스티브 호돈 · 한철호, 정옥배 외 3인 역 《퍼스펙티브스 1》(예수전도단, 2010), 72. 스탠리 엘리슨의 '하나님은 무엇을 하려하시는가' 인용.

하나님께서는 인간이 타락하자마자 곧바로 새로운 계획을 세우셨다. 이 세상에서 하나님 자신의 전면적인 통치를 회복하시기 위해 사탄의 나라에 반격을 가하신 것이다. 사탄의 나라를 쳐부수고 하나님 나라를 다시 회복하시겠다는 멋진 계획이었다.

> 내(하나님)가 너(사탄)로 여자(사람)와 원수가 되게 하고 네 후손도 여자의 후손과 원수가 되게 하리니 여자의 후손(그리스도)은 네(사탄) 머리를 상하게 할 것이요 너(사탄)는 그(그리스도)의 발꿈치를 상하게 할 것이니라 하시고(창 3:15)

우리는 이 놀라운 하나님의 구원 계획이 인류의 구원자이신 예수 그리스도의 십자가 사건과 함께 극적으로 성취되었음을 이미 알고 있다. 여기서 '상하게 하는 일'이 두 번 일어난다. 첫 번째 사건은 여자의 후손인 그리스도가 사탄의 머리를 상하게 하는 일로, 장차 예수께서 사탄을 멸하실 것에 대한 예언을 담고 있다. 즉, 예수 그리스도가 십자가에서 죽으신 것은 오히려 사탄과 그 나라를 멸망하게 만드는 사건이라는 것이다.

두 번째 사건은 사탄이 여자의 후손의 발꿈치를 상하게 한다는 것이다. 사탄이 인류의 구원자로 오신 예수를 방해하기 위해 그를 십자가에 못 박지만 발꿈치가 상한다는 것은 머리가 상하는 것과는 대조적으로 예수님의 죽음이 일시적인 것임을 의미한다.[5]

사탄은 인류의 구원자로 오신 예수를 죽음으로 몰고 감으로 인간과 이 세상을 통치하길 원했다. 인간을 죄 짓게 하고, 그 결과 사망에 이르게 하

---

5 랄프 윈터·스티브 호돈·한철호, 정옥배 외 3인 역 《퍼스펙티브스 1》(예수전도단, 2010), 73.

려는 것이 사탄의 책략이다. 이 악한 책략으로부터 인간을 해방시켜 영원한 생명으로 가는 길을 열어 준 것이 바로 예수님의 십자가 죽음과 부활 사건이다. 하나님께서는 예수님의 십자가 사건을 통해 사탄이 더 이상 사람을 향해 왕 노릇 하지 못하도록 하셨다. 죽음 대신 영생의 복으로써 이 세상과 사람들을 통치하기로 결정하신 것이다. 예수님이 사탄의 머리를 상하게 하신다는 말씀이 바로 이런 의미이다. 예수님의 부활과 함께 인간을 죽음으로 이끄는 사탄의 나라는 산산이 무너져 내렸다.

사도 바울은 이 놀라운 하나님의 계획을 연이어 선포한다.

> 한 사람(아담)의 범죄로 말미암아 사망이 그 한 사람을 통하여 왕 노릇 하였은즉 더욱 은혜와 의의 선물을 넘치게 받는 자들은 한 분 예수 그리스도를 통하여 생명 안에서 왕 노릇 하리로다 (롬 5:17)

> 이는 죄가 사망 안에서 왕 노릇 한 것 같이 은혜도 또한 의로 말미암아 왕 노릇 하여 우리 주 예수 그리스도로 말미암아 영생에 이르게 하려 함이라(롬 5:21)

²²그러나 이제는 너희가 죄로부터 해방되고 하나님께 종이 되어 거룩함에 이르는 열매를 맺었으니 그 마지막은 영생이라 ²³죄의 삯은 사망이요 하나님의 은사는 그리스도 예수 우리 주 안에 있는 영생이니라(롬 6:22-23)

이제 온 세상은 예수 그리스도의 십자가 사건을 통해 다시 하나님 나라의 통치 안으로 완전히 들어갔다. 온 세상이 하나님 창조의 목적대로 다시 복을 받고, 하나님의 통치 아래 하나님을 즐거워하며, 영생을 누리게 되었다. 하나님 나라가 완성된 것이다.

부활하신 예수님께서는 부활의 진정한 의미를 깨닫지 못하고 실망하여 예루살렘에서 엠마오로 향하던 제자들에게 나타나신다(눅 24장). 제자들이 예루살렘에 갔던 이유는 예수님이 메시아라는 확신과 기대가 있었기 때문이다. 그런데 예수님은 십자가에 죽고 그 몸조차 사라져 버렸다. 실망한 제자들은 하나님 나라가 올 것이란 생각을 단념한 채 고향 엠마오로 되돌아가던 중이었다. 그때, 예수님께서 그들에게 나타나셨다. 그러고는 이렇게 말씀하셨다.

²⁵이르시되 미련하고 선지자들이 말한 모든 것을 마음에 더디 믿는 자들이여 ²⁶그리스도가 이런 고난을 받고 자기의 영광에 들어가야 할 것이 아니냐 하시고 ²⁷이에 모세와 모든 선지자의 글로 시작하여 모든 성경에 쓴 바 자기에 관한 것을 자세히 설명하시니라(눅 24:25-27)

또 성경은 당시 예수님의 행적을 이렇게 기록한다.

> [45]이에 그들의 마음을 열어 성경을 깨닫게 하시
> 고 [46]또 이르시되 이같이 그리스도가 고난을 받
> 고 제삼일에 죽은 자 가운데서 살아날 것과 [47]또
> 그의 이름으로 죄 사함을 받게 하는 회개가 예
> 루살렘에서 시작하여 모든 족속에게 전파될 것
> 이 기록되었으니 [48]너희는 이 모든 일의 증인이
> 라(눅 24:45-48)

무슨 말씀인가? 예수 그리스도의 삶과 십자가 사역
을 받아들이고 회개하기만 하면 누구든지 죄 사함을
받고 구원을 얻게 된다는 복음의 메시지가 예루살렘
에서 시작되어 장차 모든 족속과 나라들에까지 전파
될 것인데, 이 사실이 성경에 이미 기록되어 있다고 말
씀하신 것이다. 이 복음 전파를 통해 온 세상에 복 주시
는 하나님의 나라와 그분의 통치가 완성된다는 것, 이
것이 예수님께서 제자들에게 전하신 말씀의 핵심이다.
　예수님보다 신구약 성경을 더 잘 이해하는 분은 없
다. 성경은 예수 그리스도의 십자가 복음이 모든 민족
에게 전파됨을 통해 온 세상에 복 주시고 하나님 나라
를 회복하시겠다는, 하나님의 목적이 성취된다는 기록
인 것이다.

예수 그리스도를 통해 온 세상이 다시 복을 받고 하나님 나라가 회복되면 이사야서의 예언대로 전쟁이 그치고, 공의와 정직이 드러나며, 진정한 화해가 일어나고, 하나님을 아는 지식이 세상에 충만해질 것이다(사 11:1-9). 예수 그리스도의 구원 사역이 온 세상에 알려지고 모든 민족이 복음을 받아들이면 이 땅에 온전한 하나님 나라가 이뤄지는 것이다. 다만, 하나님 나라는 예수님의 재림으로 완성된다. 그러면 예수님의 재림은 언제 이루어지는가?

> 이 천국 복음이 모든 민족에게 증언되기 위하여 온 세상에 전파되리니 그제야 끝이 오리라(마 24:14)

복된 소식이 온 세상 끝까지 전파될 때 주께서 다시 오신다. 결국 모두의 소망인 그리스도의 재림은 선교라는 과정을 통해서 이뤄지는 것이다.

예수님은 하나님 나라에 비밀이 있다고 말씀하신다(막 4:11). 그 비밀은 그리스도께서 두 번에 걸쳐 오신다는 것이다.[6] 이는 예수님의 초림과 재림을 가리킨다. 예수님은 미래에 다시 오겠다고 말씀하시며 승천하셨다. 특히 천국 복음이 온 땅에 증거될 때 다시 오겠다고 하셨다(마 24:14). 왜 예수님은 이렇게 두 번에 걸쳐 오신다고 약속하신 걸까? 초림 때 하나님 나라가 완전히 임하면 되지 않겠는가?

바로 여기에 하나님의 놀라운 섭리가 깃들어 있다. 하나님 나라가 완전히 임하면 영생과 더불어 심판도 자리한다. 하나님 나라가 왔는데도 이

---

6 랄프 윈터 · 스티브 호돈 · 한철호, 정옥배 외 3인 역 《퍼스펙티브스 1》(예수전도단, 2010), 200. 조지 엘든 래드의 《하나님 나라의 복음》(서로사랑, 2009)에서 인용한 것을 재인용.

를 거부하는 자들에게는 즉시 영원한 심판이 따르는 것이다. 이렇듯 하나님의 사랑과 공의의 두 조건을 완벽하게 만족시키는 것이 바로 예수님의 초림과 재림 사건이다. 예수님의 십자가 사건으로 이미 하나님 나라가 이 땅에 세워졌다는 복된 소식이 모든 민족에게 전파될 때까지 친히 기다리심으로써, 그리스도의 재림 때에는 한 사람도 불의의 심판을 받는 이가 없이 온 세상 모두를 구원하시겠다는 하나님의 놀라운 계획이 바로 여기에서 발견되는 것이다!

우리는 지금 메시아의 초림과 재림 사이에 살고 있다. 초림과 재림 사이에 반드시 이뤄야 할 일은 예수 그리스도를 통해 이미 이 땅에 하나님 나라가 임했다는 소식을 온 세상에 알리는 일, 곧 선교다.

온 민족이 하나님의 영광을 보리라

이사야 43장 7절에서 하나님께서는 "내 영광을 위하여 창조한 자를 오게 하라"고 말씀하신다. 하나님께서 그분의 영광을 위해 이 세상과 사람들을 창조하셨다는 것이다. 하나님의 영광을 위해 사람이 창조되었다는 말씀의 의미를 이해하는 일은 매우 중요하다. 사도 바울은 이렇게 전한다.

> 그런즉 너희가 먹든지 마시든지 무엇을 하든지 다 하나님의 영광
> 을 위하여 하라(고전 10:31)

그럼에도 우리는 하나님의 영광이란 말의 의미를 정확히 이해하지 못할 수 있다. 이것을 이해하기 위해서는 먼저 '영광'이란 단어를 잘 파악해야 한다. 영광이란 어떤 존재가 가진 가치나 내용의 탁월함을 나타낼 때 사용하는 단어이다. 그러므로 '하나님의 영광'이라는 말은 하나님께서 소유한 가치나 그 존재 자체가 최고이며 탁월함을 의미한다. 스티브 호돈(Steve Hawthorne)은 영광에 대하여 "창조주 하나님의 본질적 가치와 아름다움"이라고 언급한다.[7]

성경에서 하나님의 영광은 크게 두 가지 방향으로 나타난다. 첫째, 하나님은 영광을 지니시며 그 영광을 드러내신다는 말씀이다.

> 영광의 왕이 누구시냐 만군의 여호와께서 곧 영광의 왕이시로다
> (셀라)(시 24:10)

사실 성경은 하나님의 영광을 밝히 드러내는 기록이라 할 수 있다. 창세기 1장에서부터 하나님께서 탁월한 존재임이 드러나는 것이다.

그렇다면 하나님은 어떤 면에서 그 존재나 자질이 탁월하다 말할 수 있는가? 우선, 하나님은 전지하시고 전능하시다. 즉 하나님은 모든 것을 다 아시고, 행할 수 있는 능력을 지니신 분이다. 또 하나님은 가장 거룩하신

---

7 랄프 윈터 · 스티브 호돈 · 한철호, 정옥배 외 3인 역 《퍼스펙티브스 1》(예수전도단, 2010), 120. 스티브 호돈의 '하나님의 영광에 관한 이야기' 인용.

분이다. 하나님의 사랑은 완전하시고 아름답다. 하나
님은 가장 창조적인 분이며, 모든 것 가운데 최고이다.
요한은 이렇게 기록한다.

> 그 옷과 그 다리에 이름을 쓴 것이 있으니 만왕
> 의 왕이요 만주의 주라 하였더라(계 19:16)

이 탁월한 하나님의 영광이 온 세상에 나타났다고
성경은 선포한다.

> 요셉에게 이르되 이전에 가나안 땅 루스에서 전
> 능하신 하나님이 내게 나타나사 복을 주시며(창
> 48:3)

> 여호와께서 이 일을 행하셨으니 하늘아 노래할
> 지어다 땅의 깊은 곳들아 높이 부를지어다 산들
> 아 숲과 그 가운데의 모든 나무들아 소리내어 노
> 래할지어다 여호와께서 야곱을 구속하셨으니
> 이스라엘 중에 자기의 영광을 나타내실 것임이
> 로다(사 44:23)

어떤 존재가 가진 탁월함 즉 그 존재의 영광은 반드
시 드러나게 되어 있다. 왜냐하면 탁월한 것은 눈에 띄기 때문이다.

하나님의 탁월함이 드러난 첫 번째 사건은 무엇인가? 바로, 하나님의 천지창조 사건이다. 만물의 창조를 통해 하나님께서 얼마나 능력이 많으시며 광대하시며 위대한 분이신지가 여실히 드러났다. 그러므로 우리는 하나님께서 만드신 이 세상을 보기만 해도 이를 만드신 분이 얼마나 위대하신지를 눈치챌 수 있어야 한다. 우주와 산과 바다와 그 안에 있는 모든 동물과 식물이 하나님의 위대함을 드러낸다. 들판의 작은 들꽃 하나로부터 거대한 우주와 행성에 이르기까지 이 모두가 하나님의 위대함을 노래한다. 바울은 로마서 1장 20절에서 "창세로부터 그의 보이지 아니하는 것들 곧 그의 영원하신 능력과 신성이 그가 만드신 만물에 분명히 보여 알려졌나니"라고 말한다.

한편 우리 개인과 관련해서 하나님의 탁월하심(영광)이 드러난 가장 중요한 사건은 무엇일까? 그것은 바로 나를 구원하신 하나님의 능력(영광)이다. 허물 많고 죄인이며 부족한 존재인 나를 구원하신 하나님을 생각할 때 그 능력의 위대함을 절감할 수밖에 없다. 하나님은 창조 이후, 세상을 섭리하는 역사를 통해서 위대함과 영광과 능력을 계속 나타내신다. 지금 이 순간에도 세상 가운데 하나님의 영광이 계속 드러나고 있다.

둘째, 사람들은 나타난 하나님의 영광(위대함)을 보고 그분께 영광을 돌린다는 말씀이다. 성경에는 '하나님의 영광을 보았다' 혹은 '하나님의 영광을 맛보아 알게 되었다' 등의 표현이 등장한다.

여호와의 영광이 나타나고 모든 육체가 그것을 함께 보리라(사 40:5)

여호와 우리 주여 주의 이름이 온 땅에 어찌 그리
아름다운지요 주의 영광이 하늘을 덮었나이다

(시 8:1)

성경은 온통 하나님의 영광을 보고, 알고, 누리라는
선포로 가득 차 있다. 하나님의 위대하심이 드러나므
로 그것을 우리가 보고 경험할 수 있다. 우리는 하루를
시작하면서 세상을 창조하신 위대한 하나님을 만난
다. 아침에 일어나 창문을 열면 창밖에 펼쳐지는 눈부
신 하늘과 따뜻한 대기, 세상이 전하는 온갖 아름다움
을 맞이한다. 얼마나 놀라운 광경인가? 이 아름다운
세상이 하나님에 의해서 창조되었고, 세상의 모든 피
조물이 하나님의 능력을 드러낸다. 이 영광을 보고 누
리는 것만으로도 우리는 의미 있는 인생을 살아갈 수
있다. 내가 매일 만나는 사람들뿐만 아니라 매일의 사
건과 이 세상의 역사를 통하여 이 모두를 이끌어가는
탁월한 하나님의 능력을 보고 알아차리고 누리는 것이
다. 이것이 하나님의 피조물인 사람들에게 주어진 놀
라운 특권이다.

이러한 하나님의 영광을 본 사람들은 하나님께 영광
을 돌리게 된다.

주여 주께서 지으신 모든 민족이 와서 주의 앞

에 경배하며 주의 이름에 영광을 돌리리이다(시 86:9)

하나님이여 민족들이 주를 찬송하게 하시며 모든 민족으로 주를 찬
송하게 하소서(시 67:5)

시편뿐만 아니라 성경 전체가 온 세상에 나타나신 하나님의 영광을 찬
미한다. 영광은 관계적이고 쌍방향적이다. 한 방향에서, 하나님은 세상
에 그분의 영광을 드러내시며 자신을 선포하신다. 다른 한 방향에서는
세상이 하나님의 영광을 보고 누리며 그분께 영광을 돌린다. 인간의 존
재 목적이 하나님께 영광을 돌리는 것이란 말씀은 바로 이런 의미이다.

이사야 43장 5-7절에 보면 놀라운 선포가 나온다. 동서남북에서 온 모
든 사람들이 하나님께 영광을 돌리게 될 것이라는 선언이다.

> ⁵ 두려워하지 말라 내가 너와 함께하여 네 자손을 동쪽에서부터 오
> 게 하며 서쪽에서부터 너를 모을 것이며 ⁶ 내가 북쪽에게 이르기를
> 내놓으라 남쪽에게 이르기를 가두어 두지 말라 내 아들들을 먼 곳
> 에서 이끌며 내 딸들을 땅 끝에서 오게 하며 ⁷ 내 이름으로 불려지는
> 모든 자 곧 내가 내 영광을 위하여 창조한 자를 오게 하라 그를 내
> 가 지었고 그를 내가 만들었느니라(사 43:5-7)

하나님께서는 온 세상의 모든 사람을 창조하시고 그들에게 하나님의
영광(위대하심)을 보여 주셨다. 그 결과 온 세상의 모든 사람이 하나님의
위대하심을 보고 누리며, 하나님께 영광을 돌리는 일이 일어나길 하나님

은 원하신다.

시편 96편은 하나님의 영광이 선포되고, 그것을 본 세상이 하나님께 영광 돌리게 될 것이란 사실을 말한다. 시편 기자는 이렇게 주장한다.

'하나님의 영광을 백성 가운데, 그의 기이한(놀라운) 행적을 만민 가운데 선포해야 할 것이다(3절). 왜냐하면 여호와는 위대하시며, 다른 신들은 모두 우상이지만 여호와께서는 하늘을 지으셨고, 존귀와 위엄이 그의 앞에 있으며, 능력과 아름다움이 그의 성소에 있기 때문이다(4-6절). 이러한 여호와의 위대함을 경험한 모든 만국의 민족들이 영광과 권능을 여호와께 돌릴 것이다. 여호와의 이름에 합당한 영광을 그에게 돌릴 것이다. 아름답고 거룩한 것으로 여호와께 예배할 것이다(7-9절).'

여기서 우리는 하나님의 영광과 선교가 밀접한 관계에 있음을 알게 된다. 선교란 결국 하나님의 영광이 선포되고, 그 영광을 본 이들이 다시 하나님께 영광을 돌리는 쌍방향의 관계 속에서 일어나는 행동인 것이다.

성경은 단순히 인간을 구원하는 하나님의 계획을 기록하는 데 머물지 않는다. 성경에서 말하는 하나님의 최종 목적은 인간의 구원을 통해 온 세상이 그분께 영광을 돌리도록 하는 것이다. 성경은 동서남북에 있는 모든 민족이 하나님의 위대하신 능력을 보게 될 것이며, 그 하나님께 영광 돌리는 일이 일어나게 되리라고 거듭 선언한다. 하나님은 이스라엘만의 하나님이시거나 혹은 나만의 하나님이 아니라, 모든 민족과 나라와 백성의 하나님이시기 때문이다.

예배가 없어서 선교한다

하나님은 온 세상의 하나님이시다. 하나님은 세계 만물의 하나님이시다. 따라서 온 세상 모두가 하나님께 영광을 돌리게 된다. 성경은 마지막 날에 그 일이 일어날 것이라고 계시한다. 하나님은 마지막 날 일어날 일을 사도 요한에게 계시로 보여 주셨다. 그 기록이 바로 요한계시록이다.

요한계시록에는 예수께서 재림하시고 이 땅에 하나님 나라가 완성될 때의 모습이 기록되어 있다. 그것은 각 나라와 족속과 백성과 방언(언어종족)에서 흰 옷을 입은 큰 무리가 손에는 종려 가지를 들고 나와 보좌 앞 어린양 앞에 서서 큰 소리로 외쳐 이르되 "구원하심이 보좌에 앉으신 우리 하나님과 어린 양에게 있도다"라고 외치는 것이며, 곁에 있는 모든 천사와 장로들이 하나님께 경배하며 "아멘, 찬송과 영광과 지혜와 감사와 존귀와 권능과 힘이 우리 하나님께 세세토록 있을지어다"라고 영광을 돌리는 모습이다(계 7:9-12).

하나님께 영광을 돌리는 것을 '예배'라고 말한다. 예배는 하나님께서 최고이심을 드러내는 일 즉 하나님께 영광을 돌리는 일이다. 예배를 통해 우리는 하나님이 최고이심을 선포한다.

존 파이퍼(John Piper)는 예배와 선교와의 관계에 대해 놀라운 시각을 우리에게 제시해 준다. 교회의 목표는 선교가 아니다. 교회의 목표는 하나님께서 영광을 받으시는 것이다. 세상에서 가장 위대한 일은 하나님께서 영광 받으시는 일 즉 예배가 일어나는 것이다. 무엇보다 예배는 세상의 모든 사람으로부터 하나님께 드려져야 한다. 아직 하나님께 예배드리지 못하는 사람이 있다면, 그것은 우리가 그들에게 하나님께서 얼마나 영광스러운 분인지를 아직 알리지 못했기 때문이다. 존 파이퍼는 "예배가 없기 때문에 선교가 필요한 것"이라고 단언한다.[8] 결국 선교란 모든 민족이 하나님을 예배하고 그분께 영광 돌리게 하기 위해 그들에게 하나님이 어떤 분이신지를 알리는 일이다.

거듭 강조하지만 예배 즉 하나님께서 영광을 받으시는 일은 이 세상의 모든 일 가운데 가장 아름답고 위대한 일이다. 또한 예배는 모든 민족으로부터 하나님께 드려져야 한다. 그 어떤 민족도 제외되어선 안 된다. 아직 이 아름다운 예배를 드리지 못하는 사람들이 있다면, 우리가 그들에게 하나님께서 얼마나 예배(영광) 받으시기에 충분하고 위대한 분이신지를 알려야 한다. 이 일이 바로 선교다.

우리는 일주일에도 몇 번씩 예배를 드린다. 그리고 매일의 순간순간 하나님의 위대하심을 경험하고 삶 속에서 하나님을 간구함으로써 우리가 하나님의 사랑받는 피조물임을 누린다. 이렇게 하나님을 누리고 하나님께 드리는 예배가 깊어질수록, 이 예배를 드리지 못하는 민

---

8 존 파이퍼, 김대영 역 ≪열방을 향해 가라≫(좋은 씨앗, 2003), 19.

족들과 사람들이 있다는 사실에 안타까움과 관심을 가질 수밖에 없다.

흔히 선교를 프로그램이나 프로젝트로 생각하는 경우가 많다. 혹은 선교지에 있는 가난한 사람들이나 불쌍한 사람들을 도우려는 마음으로 나서기도 한다. 물론 이것도 선교의 한 동기가 될 수는 있다. 그러나 우리가 지녀야 할 선교의 가장 큰 동기는 하나님께서 영광 받으셔야 한다는 마음이요, 열정이다. 하나님께서 이 세상의 모든 민족과 나라들로부터 영광 받으시는 일이 일어나야 한다는 열정이 우리를 선교하게 만드는 것이다.

결국 진정한 예배를 드려 본 사람만이 진정한 선교에 참여할 수 있다. 그래서 존 파이퍼는 "예배는 또한 선교의 연료"라고 덧붙인다.[9] 왜냐하면 하나님의 영광을 더 많이 경험한 사람일수록 선교가 일어나기를 더 소망하며 더 열렬히 동참하게 될 것이기 때문이다.

복이 머무는 종착역이 아니라 통로다

하나님의 목적은 온 세상에 하나님의 나라가 확립되고 하나님의 영광이 선포되며, 그 결과 모든 민족과 나라를 통하여 예배 받으시는 것이다. 하나님은 이 목적을 성취하시기 위해 우리를 부르신다. 그리고 우리에게 그분의 영광과 하나님 나라의 통치하심을 보여 주시고, 우리의 예배를 받으실 뿐 아니라, 우리를 통해 하나님의 온 세상 구원 목적이 널리 알려지길 원하신다.

첫 번째로 하나님의 백성이 된 민족이 이스라엘이다. 아브라함을 통해

---

9 존 파이퍼, 김대영 역 《열방을 향해 가라》(좋은 씨앗, 2003), 20.

서 이스라엘 백성을 먼저 구원하시고 그분의 백성으로 삼으셨다. 이것은 이스라엘 백성만을 구원하기 위함이 아니다. 하나님은 그들을 통해서 모든 민족에게 복 주길 원하시며(창 12:1-3), 하나님의 백성이 이방의 빛이 되어 모든 민족에게 주의 구원을 전달하길 원하신다(사 49:6). 다시 말해, 이스라엘 백성은 자신들만 구원받는 것이 아니라 제사장으로서 온 세상을 향한 복의 전달자가 되기 위해 부르심을 받은 것이다(출 19:46).

특히 하나님께서는 신약 시대와 그 이후 시대에 예수님을 따르는 제자들을 통하여 이 목적이 이루어지도록 하셨다. 예수의 제자들에게 모든 종족에게 가서 그들을 제자 삼으라고 위임하신 것이다(마 28:19-20). 예수의 제자들은 예루살렘과 유대와 사마리아와 땅 끝까지 나아가 이 축복의 소식을 전하기 시작했고(행 1:8), 그 결과 온 세상에 교회가 세워지게 되었다. 처음에는 예수를 따르던 작은 공동체에 불과했지만, 시간이 지날수록 전 세계적으로 예수를 따르는 믿음의 공동체로 확산되었다. 이렇게 하나님은 자신의 백성을 부르시고, 그들을 통해 하나님의 목적인 모든 민족이 복 받고 구원 얻는 일을 이루어 가신다. 하나님이 구약 시대에 이스라엘 백성에게 하셨던 것처럼, 신약 시대에도 이스라엘의 영적 후손인 교회를 세우시고 그들이 온 세상에 하나님의 구원을 선포하기 위한 통로가 되게 하신다.

교회는 하나님의 복이 머무는 종착역이 아니다. 오히려 축복의 통로이다. 하나님께서 교회와 성도들에게 복 주시는 이유는 하나님의 복이 그들에게 머물러 있게 하시기 위함이 아니다. 흘러가게 하시려는 것이다. 온 땅까지 흘러가게 하시려는 것이다. 오늘날 교회와 성도들은 이러한 하나님의 의도에 반응해야 한다. 교회와 성도는 복이 되기 위해 복을 받는 것이다! 만약 하나님의 교회가 복을 받고 그 복을 자신들에게 그대로 괴는 데만 관심을 가진다면 잘못된 일이다. 우리는 온 세상을 끌어안고 세계를 품은 그리스도인이 되어야 한다.

왜 우리가 세계를 품어야 하는가? 우리를 구원하신 하나님께서 세계적인 분이시기 때문이다. 그분의 백성인 교회와 성도들도 마땅히 온 세상을 품어야 한다. 그리스도인은 "하나님, 나에게 복주소서, 우리 교회에게 복주소서"라고 기도하기보다 "하나님, 나를 통하여 온 세상이 복을 받게 해주소서. 우리 교회를 통해서 온 세상이 복을 받게 하소서. 이제 나와 우리 교회는 하나님의 복이 온 세상으로 흘러가는 통로가 되게 하소서"라고 기도해야 한다. 온 세상에 복 주길 원하시는 하나님의 목적이 내 인생의 목적이 되는 삶을 살아가도록 하자. 이것이 선교다.

01

성경에 대해 새롭게 깨닫게 된 점이 있습니까? 이전과는 어떤 차이가 생겼습니까?

02

내가 하나님께 받은 복은 무엇입니까? 세상 속에서 하나님 나라를 위해 받은 복을 어떻게 나누어야 할까요?

03

자유의지를 가진 인간이 하나님 나라를 경험하려면 어떻게 해야 할까요? 그리고 인간의 자유의지는 하나님의 영광과 어떤 관계가 있을까요?

04

아직 한 번도 하나님과 복음을 들어보지 못한 민족이 있다는 사실에 가슴 아팠던 경험이 있습니까? 이것이 선교의 동기가 되게 하기 위해서 우리는 어떻게 해야 할까요?

05

삶 속에서 경험한 하나님의 영광이 있으면 나누어 봅시다. 그 영광이 열방에까지 선포되기 위해서는 어떻게 해야 할까요?

06

내 인생의 목적은 무엇입니까? 하나님의 커다란 목적 속에서 우리 인생의 목적이 어떻게 바뀌어야 할지 나누어 봅시다.

02

하나님의 선교가
시작되다

김영동

흔히 우리는 구약성경에도 선교에 관한 언급이 있는가 하고 질문한다. 사실 구약성경에 나오는 역사 이야기는 주로 전쟁과 심판에 대한 내용들이다. 특히 이스라엘 백성은 이방 민족에 대해 배타적이고, 이방인을 무시하는 모습도 많이 보여 준다. 그러나 구약성경 전체를 자세히 살펴보면 그 속에 담긴 하나님의 마음을 발견할 수 있다. 천지를 창조하신 하나님은 모든 민족과 족속과 열방이 구원받기를 원하시는 사랑의 하나님이다. 인류 역사를 한 편의 드라마로 비유하자면 하나님은 드라마 시나리오 작가요 감독이시다. 그 이야기의 무대는 우주와 지구의 온 누리이며, 등장인물은 이스라엘 민족과 모든 이방 민족들이다. 시대에 따라 문화가 달라지고 드라마의 내용도 바뀌어 가지만, 모든 드라마에 공통으로 흐르는 중심 주제만은 변하지 않는다. 그것은 곧 '하나님의 선교'이다.

가라, 그리고 복이 되라

무슨 일을 하든지 동기가 바로 서야 과정과 결과도 좋은 법이다. 선교사로서 타 문화권에 갈 때에도 동기가 중요하다. 그릇된 동기로 시작하면 아무리 수고하고 애써도 좋은 결과를 얻을 수 없다. 그러므로 선교의 동기를 가장 우선적으로 물어야 한다. 그렇다면 구약성경에 나타난 선교의 동기는 무엇일까? 구약을 관통하는 선교의 동기는 무엇보다 이스라엘 백성을 선택하시고 부르신 사건에 달려 있다.

하나님의 천지창조 이후 일어난 일들은 창세기 3장부터 11장까지에 잘 나타난다. 이 부분은 인간의 죄악과 타락에 대한 이야기로 점철되어 있다. 형제 간 살인, 하나님을 대적하는 교만과 불순종, 바벨탑 사건과 홍

수 심판 등으로 이어지는 일련의 에피소드들은 인간의 죄악이 지배하는 사회가 얼마나 비참한지를 여실히 보여 준다.

그러나 성경의 이야기는 이것으로 끝맺지 않는다. 하나님은 아브라함을 부르심으로 죄와 비참함에 빠진 인간을 구속하시려는 하나님의 선교를 시작하신다.

> ^{1} 여호와께서 아브람에게 이르시되 너는 너의 고향과 친척과 아버지의 집을 떠나 내가 네게 보여 줄 땅으로 가라 ^{2}내가 너로 큰 민족을 이루고 네게 복을 주어 네 이름을 창대하게 하리니 너는 복이 될지라 ^{3}너를 축복하는 자에게는 내가 복을 내리고 너를 저주하는 자에게는 내가 저주하리니 땅의 모든 족속이 너로 말미암아 복을 얻을 것이라 하신지라 (창 12:1-3)

하나님께서 아브라함을 부르시면서 명령하신 내용은 두 가지다. 첫째는 "가라"는 것이며, 둘째는 "복이 되라"는 것이다. 여기서 '가라'는 말씀은 온 세상을 향한 선교 명령이다. 또 '복이 되라'는 명령은 아브라함을 부르신 이유이자 하나님의 선교 목적이다. 하나님의 이 같은 부르심의 명령에 아브라함이 순종하면서 열방을 향한 하나님의 선교 역사가 시작되었다. 이런 맥락에서 바울은 아브라함의 자손인 예수님이 그 약속을 성취하신 분이라고 단언한다 (갈 3:6-9, 14).

'복이 되라'는 선교 사명은 아브라함 개인과 그 후손에게만 국한되지 않는다. 이 명령의 대상에는 아브라함을 조상으로 하는 이스라엘은 물론 이방인도 포함된다. 아브라함의 선택은 이스라엘의 선택으로 이어지고, 예수님이 오신 이후에는 영적 이스라엘인 교회로 이어진다. 하나님께서는 아브라함의 후손인 유대인과 이방인의 공동체인 교회를 하나님의 복 안으로 불러 주셨으며, 그 복을 온 열방에게 전하기 위해 '가라!'고 명령하신다. 즉, 하나님의 선택은 모든 사람을 위한 것이다. 이 책임을 다하는 것이 바로 선교자의 소명이다.

> "이스라엘의 선택은 다른 민족을 거부하는 것을 의미하지 않는다. 오히려 다른 민족들의 유익을 위한 것이다. 또한 이스라엘의 선택은 이스라엘 자신의 어떤 특별한 특징으로 인한 것이 아니다. 이스라엘이 다른 민족들보다 수적으로나 도덕적으로 우월하기 때문에 선택받은 것이 아니다. 이스라엘의 선택은 오직 하나님의 크신 사랑에 근거하고 있다. 이스라엘의 선택은 그 자체가 목적이 아니라 도구적인 것이다. 이스라엘의 선택은 역사에 대한 하나님의 헌신의 일부이다. 여기에는 그 어떤 편애도 불공평도 없다. 이스라엘의 선택은 단순히 구원론적인 것이 아니라 근본적으로 선교적인 것이다. 온 땅의 무리를 모으는 하나님의 도구로 삼기 위한 선교적 선택이었다."[1]

---

1 크리스토프 라이트, 정옥배·한화룡 역 《하나님의 선교》(IVP, 2010), 463~464.

요컨대 하나님은 선교적 그리스도인으로서 우리를 선택해 부르셨다. 이는 우리로 그 어떤 우월의식도 없이 단순히 하나님의 복을 온 땅에 전하게 하시려는 것이다. 즉, 우리를 그분의 백성을 불러 모으기 위한 복된 도구로 쓰시려는 하나님의 부르심(calling)이요, 선택(election)이다. 하나님의 영광을 위해 복음을 전하므로 복이 되게 하시려는 것이다.

무엇이 선교인가?

20세기에 선교를 둘러싸고 논쟁했던 주제가 바로 '선교란 무엇인가?'였다. 다시 말해, 선교를 어떻게 보겠느냐는 것이다. 선교를 이해하는 방식이나 태도에 따라 선교 사역의 내용도 달라지기 때문이다. 그렇다면 구약성경에서는 무엇을 선교라고 할까?

첫째, 선교란 열방과 만민의 복이 되는 것이다. 하나님께서 아브라함을 부르신 것은 아브라함과 그 후손의 영광과 번성만을 위한 것이 아니다. 열방을 위한 선택이요 세상 구원을 위한 도구로서의 선택이다. 즉, 아브라함의 영적 후손이자 영적 이스라엘인 교회는 예수님이 재림하실 때까지, 열방과 만민에게 땅 끝까지 이르러 복음을 전파해야 한다.

둘째, 선교는 구심적이며 동시에 원심적이다. 학자들은 이스라엘로 모이는 형태의 선교를 구심적 선교(求心的, centripetal mission)라고 이름 붙였다. 따라서 가나안 땅으로 향하던 출애굽 사건이나 모세오경에 나오는 여러 인물과 사건들의 내용은 구심적 선교의 한 부분이라고 할 수 있다. 한편 열방에게로 나아가는 선교는 원심적 선교(遠心的, centrifugal mission)라고 한다.

 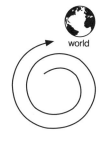

〈구심적 선교〉　　　　〈원심적 선교〉

혹자는 구약에는 이방 민족에게로 '가서' 하나님 말씀을 선포하는 원심적 선교의 예가 등장하지 않는다고 주장한다. 하지만 구약의 요나서는 분명히 요나를 파송하는 원심적 선교 방식을 보여 주지 않던가? 하나님은 동정심과 사랑의 마음으로 요나를 파송하셔서 이방 민족인 니느웨 사람들이 구원받도록 하셨다. 이를 통해 우리는 구약에서도 원심적 선교를 목격하는 것이다.

한편 이사야서에서는 이스라엘에게로 '나아오는' (coming in) 방식의 선교와 '나아가는'(coming out) 방식의 선교를 분명히 찾을 수 있다. 그중 대표적인 구절이 이사야 42장 6절과 49장 6절이다.

　　나 여호와가 의로 너를 불렀은즉 내가 네 손을
　　잡아 너를 보호하며 너를 세워 백성의 언약과

이방의 빛이 되게 하리니(사 42:6)

그가 이르시되 네가 나의 종이 되어 야곱의 지파들을 일으키며 이
스라엘 중에 보전된 자를 돌아오게 할 것은 매우 쉬운 일이라 내가
또 너를 이방의 빛으로 삼아 나의 구원을 베풀어서 땅 끝까지 이르
게 하리라(사 49:6)

구약성경이 이야기하는 선교란 열방과 만민에게 복음을 전파하는 것
을 목적으로 삼으며 구심적 선교와 원심적 선교의 방식을 갖춘 것이라고
정리할 수 있다.

우리 힘으로는 선교할 수 없다

그렇다면 선교의 자원이나 힘은 어디에서 비롯할까? 우리가 무슨 힘
으로 하나님의 부르시고 보내시는 선교에 참여할 수 있겠는가?

아브라함을 선택하심은 그를 복되게 하는 것이며 열방을 위한 것이라
고 이미 말했다. 그런데 우리가 사는 이 세상은 소돔과 고모라와 같이 타
락하지 않았는가? 인간의 죄와 비참함이 파도처럼 넘실거리는 세상이
다. 창세기는 소돔 사람들의 적대성과 왜곡되고 폭력적인 성적 부도덕함
을 말한다(창 13:13, 19:4). 신명기는 이스라엘을 소돔에 비유하여 우상 숭
배와 사회적 악을 이야기한다(신 29:23). 이사야는 유혈 사태 및 부패와 불
의가 판치는 소돔 같은 이스라엘의 상태를 지적한다(사 1:9-23, 13:19-20).
에스겔은 소돔의 죄를 교만과 풍족함과 궁핍한 자들에 대한 냉담함으로

묘사한다(겔 16:48-50). 이러한 억압과 학대와 폭력과 왜곡된 성과 우상 숭배와 교만과 탐욕스러운 소비가 만연한 반면에, 가난하고 소외되며 연약한 사람들에 대한 자비와 돌봄과 관심은 좀처럼 찾아볼 수 없는 이 소돔 같은 세상에서 우리가 무슨 힘으로 선교할 수 있을까? 이것은 정말 중요한 질문이다.

신약성경은 성령의 충만으로 권능을 받아 선교한다고 분명히 말씀한다(행 1:8). 한편 구약에서는 만물을 창조하신 하나님, 역사를 이끌어 가시는 하나님, 열방을 구원하시는 하나님, 유일신이신 하나님을 믿는 신앙이 선교의 힘이라고 말씀한다. 율법서와 역사서와 예언서와 시가서로 이루어진 구약의 모든 말씀은 '오직 하나님을 믿는 것과 하나님께 순종하는 것'이 하나님의 뜻을 이루는 힘의 근원이라고 가르친다. 선지자 미가는 이런 사실을 고랫등의 심줄처럼 뚜렷하게 알고 있었다. 미가서의 말씀은 길거리에서 확성기에 대고 외치는 것처럼 우리에게 강력한 메시지로 선포된다.

> 6내가 무엇을 가지고 여호와 앞에 나아가며 높으신 하나님께 경배할까 내가 번제물로 일 년 된 송아지를 가지고 그 앞에 나아갈까 7여호와께서 천천의 숫양이나 만만의 강물 같은 기름을 기뻐하실까 내 허물을 위하여 내 맏아들을, 내

영혼의 죄로 말미암아 내 몸의 열매를 드릴까 [8]사람아 주께서 선한 것이 무엇임을 네게 보이셨나니 여호와께서 네게 구하시는 것은 오직 정의를 행하며 인자를 사랑하며 겸손하게 네 하나님과 함께 행하는 것이 아니냐(미 6:6-8)

하나님의 선교는 돈이나 지식이나 경험으로 하는 것이 아니라는 가르침이다. 특히 중요한 포인트는 8절 앞부분에 있다. 하나님께서 선한 것이 무엇임을 우리에게 보이셨다고 했다. 하나님의 선교는 하나님이 보여 주시는 것, 즉 계시의 말씀과 지혜와 성령의 능력으로 하는 것이다. 물론 돈이나 지식이나 경험도 중요하다. 그러나 하나님의 계시의 말씀에 기초하지 않는 돈이나 지식이나 경험은 선교의 궁극적인 목적인 하나님의 영광을 위하지 않는 결과를 낼 수도 있다.

모세와 아브라함과 이사야와 다른 많은 사람들은 하나님의 부르심과 보내심을 받자 자기들의 인간적인 힘으로는 감당할 수가 없다고 대답했다(출 3:11). 하지만 자기의 힘으로 아무것도 할 수 없다는 모세에게 하나님은 중요한 말씀을 전하신다.

하나님이 이르시되 내가 반드시 너와 함께 있으리라(출 3:12)

얼마나 놀라운 약속인가! 이런 하나님의 약속을 믿고 모세는 출애굽의 대 역사를 시작한다. 그리고 이 말씀은 우리에게도 동일하게 선포된다.

하나님은 스가랴에게 이렇게 말씀하신다.

만군의 여호와께서 말씀하시되 이는 힘으로 되
지 아니하며 능력으로 되지 아니하고 오직 나의
영으로 되느니라(슥 4:6)

하나님의 구원의 기쁨을 맛보고 아브라함의 언약을
영적 유산으로 물려받은 우리 그리스도인은 하나님의
능력으로 선교에 동참할 수 있다.

하나님이 하신다

구약에 나타난 선교는 '하나님의 선교'이다. 하나님
의 선교란 말은 하나님이 선교의 주체자라는 뜻이다.
부르시고 보내시는 분은 오직 하나님이다. 성경은 하나
님을 '삼위일체 하나님'으로 보여 준다. 선교의 주체는
삼위일체 하나님이시며, 선교의 주도권은 오직 하나님
께 있다. 특히 구약성경에서 우리는 선교의 주체를 분
명하게 인식할 수 있다. 하나님은 아브라함과 모세로부
터 시작해서 수많은 선지자를 부르시고 또 보내셨다.

그러면 예수 그리스도를 구세주로 믿는 하나님의 백
성은 선교에 아무런 상관이 없다는 말일까? 아니다!
하나님의 백성이요 공동체인 교회는 그분의 부르심에
응답하고 선교에 순종해야 한다. 아브라함을 선택하신
하나님은 그를 통해 한 가문을 이루게 하시고 아브라

함과 이삭과 야곱의 가문에서 한 민족(이스라엘)이 만들어지게 하셨다. 오늘날의 영적 이스라엘인 교회는 하나님의 부르심과 보내심을 받은 하나님 선교의 도구로서 존재의 의미를 지닌다.

구약이 말하는 선교

역사서: 하나님의 강하심을 전파하라

하나님은 아브라함을 부르셨고, 그 후손들은 동일하게 대를 이어 선교적 가문을 이루었다(창 18:18, 22:17-18, 26:24, 28:12-14).

그리고 하나님은 시내 산에서 모세에게 말씀하셨다.

> [5]세계가 다 내게 속하였나니 너희가 내 말을 잘 듣고 내 언약을 지키면 너희는 모든 민족 중에서 내 소유가 되겠고 [6]너희가 내게 대하여 제사장 나라가 되며 거룩한 백성이 되리라 너는 이 말을 이스라엘 자손에게 전할지니라(출 19:5-6)

제사장 나라가 되어 열방의 복이 되고 빛이 되는 것은 얼마나 놀라운 특권인지 모른다. 요단강을 건넌 후 여호수아가 백성에게 "이는 땅의 모든 백성에게 여호와의 손이 강하신 것을 알게 하며 너희가 너희의 하나님 여호와를 항상 경외하게 하려 하심이라 하라"(수 4:24)라고 한 것도 열방의 복이 되는 선교를 언급한 부분이다. 솔로몬이 예루살렘 성전을 다 완성하고 헌당식을 할 때 "땅의 만민이 주의 이름을 알고 주의 백성 이스라엘처럼 경외하게 하시오며"(왕상 8:43)라고 기도한 것도 마찬가지이다.

이와 같이 구약성경에는 '아브라함-이삭-야곱-요셉'으로 이어지는 부르심과 보내심의 선교 역사가 파노라마처럼 펼쳐져 있다. 그것은 열방의 복이 되는 선교이다. 그러므로 오늘 이 시대, 우리 대한민국의 교회를 부르고 보내려 하시는 하나님의 놀라운 선교행전에 우리 모두가 아멘으로 화답하고 참여해야 한다. 세상 만민에게 복이 되는 것보다 더 아름답고 행복한 일이 어디 있겠는가!

율법서: 삶에서 하나님의 공의를 나타내라

하나님이 아브라함을 선택하고 부르고 보내실 때 주신 말씀 가운데 중요한 것이 하나 있다. 보통 선교를 이야기할 때 잘 언급되지 않는 내용이다.

> [18]아브라함은 강대한 나라가 되고 천하 만민은 그로 말미암아 복을 받게 될 것이 아니냐 [19]내가 그로 그 자식과 권속에게 명하여 여호와의 도를 지켜 의와 공도를 행하게 하려고 그를 택하였나니 이는 나 여호와가 아브라함에게 대하여 말한 일을 이루려 함이니라(창 18:18-19)

이 말씀은 아브라함의 선택과 파송에서 선교와 윤리의 문제가 얼마나 본질적으로 긴밀하게 연결되어 있었는지를 밝혀 준다. 특히 창세기 18장 19절은 '선택-윤리-선교'의 세 부분으로 나뉜다. 크리스토퍼 라이트는 ≪하나님의 선교≫에서 이 구절을 다음과 같이 분석한다. [2]

아브라함은 누구인가?
  하나님이 택하고 개인적 친분 관계를 맺게 하신 사람(선택)
왜 하나님은 아브라함을 선택하셨는가?
  소돔의 길을 따라가는 세상에서 여호와를 도와 그분의 의와 정의에 헌신할 백성을 만드시기 위해(윤리)
아브라함의 백성은 어떤 목적으로 그렇게 높은 윤리적 기준에 따라 살아야 하는가?
  하나님이 열방을 축복하시려는 그분의 선교를 성취하실 수 있도록(선교)

다시 선교부터 시작하여 반대로 살펴보면 다음과 같이 된다.

하나님의 궁극적 선교는 무엇인가?
  하나님이 아브라함에게 약속하신 대로, 열방에 축복을 가져오는 것(선교)
그것은 어떻게 성취될 것인가?
  세상에 의와 정의 가운데 여호와의 도를 따라 살도록 가르침을 받게 된 공동체가 존재하는 것에 의해(윤리)
하지만 그런 공동체는 어떻게 생겨날 것인가?
  하나님이 아브라함을 그 창시자가 되도록 선택하셨기 때문에(선택)

이를 통해, 우리는 선택과 선교에서 윤리가 필수적인 요소임을 알 수 있다. 무엇보다 선택받음의 목적이 만민에게 복을 전하는 것, 즉 복음을

---

2 크리스토프 라이트, 정옥배·한화룡 역 ≪하나님의 선교≫(IVP, 2010), 463~464.

전하는 선교와 관련된다는 메시지는 분명하게 선교의 핵심 요소로서 윤리를 고려해야 함을 말해 준다. 하나님의 백성이 악하고 음란하며 불의한 소돔과 같은 세상에서 고도의 윤리적 삶을 보여 줄 때, 하나님이 부르신 선택과 선교의 목적이 완수된다는 뜻이다.

"성경적 윤리와 무관한 성경적 선교는 없다"[3] 라는 언급도 바로 그러한 의미에서 나온 것이다. 따라서 하나님이 주시는 은혜와 말씀에 응답하는 그리스도인은 '거룩한 윤리적 삶'과 '세상을 변화시키는 윤리적 삶'으로 선교에 참여해야 한다. 존 스토트(John Stott)는 서구 기독교가 쇠퇴하고 영향력이 감소되는 상황에서 교회의 교육과 실천 및 전도와 선교에 윤리 문제가 소홀히 취급되었음을 적절히 지적한다.

> "우리는 복음대로 살고 복음을 빛나게 하는 사람들로 알려지기보다는 그저 복음을 전파하는 사람들로만 알려져 왔다. 우리는 인간의 삶의 존엄성과 질을 존중하고 정직과 성실로 사업에 임하며 검소한 생활방식 및 소비주의 사회의 탐욕과 대비되는 자족하는 생활을 영위하며 자녀들은 부모들의 확고한 사랑 속에 자라면서 부정

---

3 크리스토프 라이트, 정옥배·한화룡 역 《하나님의 선교》(IVP, 2010), 464.

과 이혼이라고는 모르는 안정된 가정생활을 영위하는 것 등으로 인해 항상 공동체 내에서 눈에 띄는 것은 아니다. 그러나 우리는 마땅히 그러해야 한다."[4]

열방 가운데 하나님께 영광과 복이 되는 선교는 입으로만 복음을 선포하는 것이 아니다. 올바른 선교는 행함과 삶의 방식으로 보여 주는 것이다. 오늘도 하나님은 우리를 정의와 평화와 성실과 자족과 경건의 삶으로 인도하시며 세상의 빛이 되는 선교를 위해 선택해 보내신다.

시가서: 열방을 찬양하게 하라

열방과 족속들이 뜨거운 열정으로 하나님의 위대하심을 찬양하고 예배하며 기도함으로써 하나님을 영화롭게 하는 것이 구약 시편에서 대표적으로 보여 주는 선교의 모습이다.

시편은 모세로부터 이스라엘 백성이 포로 생활에서 귀환한 때까지, 약 천 년에 걸쳐 하나님의 감동으로 기록된 말씀이다(주전 1400~450년 경). 시편의 찬양들은 한마디로 하나님을 체험하며 마음속에 차오른 사상과 감정을 표현한 것이다. 생생한 신앙 체험을 시와 노래로 나타낸 것이다. 율법과 역사와 예언을 통해 계시하시는 하나님을 향한 인간 마음 깊은 곳으로부터의 진실한 응답이다. 시편의 내용은 시와 찬미와 기도이다. 우리를 둘러싼 구름같이 허다한 신앙의 선배들은 시편의 말씀으로 예배를 향기롭게 했으며, 개인적인 묵상을 통하여 흔들리는 마음을 하나님께로 모았다.

---

4 존 스토트, 정옥배 역 《데살로니가전후서 강해》(IVF, 1993), 88.

세계 열방과 만민이 하나님의 은혜와 사랑과 평화를 체험하고 시와 찬미와 기도로써 하나님을 향해 예배하도록 하는 선교야말로 지상 최대의 사건이 아니고 무엇이겠는가! 그래서 크레이턴 말로(Creighton Marlowe)는 시편을 '선교의 음악'이라고 언급했다.[5] 시편 145편 1-4절은 이렇게 하나님의 위대하심을 선포하며 소리 높여 찬양한다.

> [1]왕이신 나의 하나님이여 내가 주를 높이고 영원히 주의 이름을 송축하리이다 [2]내가 날마다 주를 송축하며 영원히 주의 이름을 송축하리이다 [3]여호와는 위대하시니 크게 찬양할 것이라 그의 위대하심을 측량하지 못하리로다 [4]대대로 주께서 행하시는 일을 크게 찬양하며 주의 능한 일을 선포하리로다(시 145:1-4)

선지서: 예수님의 다시 오심을 알려라

선지서는 한마디로 하나님의 사랑과 정의를 선포하는 계시의 말씀이다. 참된 선지자는 자기의 지혜가 아니라 하나님이 주시는 지혜와 권위로 선포한다. 그들은 하나님의 본성과 뜻을 계시하고, 하나님의 법과 진리

---

5 Creighton Marlow, "The Music of Missions: Themes of Cross-Cultural Outreach in the Psalms", Missiology, 26 (1998).

를 드러내며 개인과 국가의 죄와 심판을 경고한다.

그러나 선지자는 죄에 대한 심판과 함께 궁극적인 희망을 선포한다. 그 중 가장 중요하고 결정적인 선포는 구세주 메시아의 오심에 대한 것이다. 그러므로 열방이 하나님께 돌아와서 하나님을 예배하도록 촉구하는 사명이야말로 하나님을 높임에 있어 가장 중요한 일이 아니겠는가!

선지서에서 하나님의 선교에 대한 감동을 전하는 말씀 중 기억에 남는 하나가 이사야 61장 1-3절일 것이다. 예수님은 공생애를 시작하실 때 회당에서 이 말씀을 읽으시고 자신에게 이루어졌다고 전하셨다(눅 4:18-19).

> [1]주 여호와의 영이 내게 내리셨으니 이는 여호와께서 내게 기름을 부으사 가난한 자에게 아름다운 소식을 전하게 하려 하심이라 나를 보내사 마음이 상한 자를 고치며 포로된 자에게 자유를, 갇힌 자에게 놓임을 선포하며 [2]여호와의 은혜의 해와 우리 하나님의 보복의 날을 선포하여 모든 슬픈 자를 위로하되 [3]무릇 시온에서 슬퍼하는 자에게 화관을 주어 그 재를 대신하며 기쁨의 기름으로 그 슬픔을 대신하며 찬송의 옷으로 그 근심을 대신하시고 그들이 의의 나무 곧 여호와께서 심으신 그 영광을 나타낼 자라 일컬음을 받게 하려 하심이라(사 61:1-3)

> [18]주의 성령이 내게 임하셨으니 이는 가난한 자에게 복음을 전하게 하시려고 내게 기름을 부으시고 나를 보내사 포로 된 자에게 자유를, 눈 먼 자에게 다시 보게 함을 전파하며 눌린 자를 자유롭게 하고

¹⁹주의 은혜의 해를 전파하게 하려 하심이라 하였더라(눅 4:18-19)

하박국은 "이는 물이 바다를 덮음 같이 여호와의 영광을 인정하는 것이 세상에 가득함이니라"(합 2:14)고 하면서 열방의 구원에 대한 희망을 선포한다. 또 말라기 선지자는 "만군의 여호와가 이르노라 해 뜨는 곳에서부터 해 지는 곳까지의 이방 민족 중에서 내 이름이 크게 될 것이라, 각처에서 내 이름을 위하여 분향하며 깨끗한 제물을 드리리니 이는 내 이름이 이방 민족 중에서 크게 될 것임이니라"(말 1:11)고 전하며 열방이 하나님의 이름을 경배하는 비전을 선포한다.

요컨대 구약성경의 선지서는 열방이 하나님을 알고 하나님의 구원을 받아 하나님의 나라 백성이 되는 희망의 비전을 선포하는 것이다. 하나님은 이스라엘뿐만 아니라 이방인도 구원받기를 원하시며, 우리에게 주어진 선교자의 책임을 다할 것을 바라신다.

가난한 자, 마음이 상한 자, 포로 된 자, 갇힌 자와 모든 슬픈 자에게 기쁨을 주는 메시아 예수 그리스도의 오심을 선포하는 선지서야말로 희망의 증거가 아닐 수 없다. 우리 모두는 절망과 상처로 얼룩진 사람들이었으나 예수 그리스도로 말미암아 희망과 회복, 기쁨의 사람으로 변화 받았다. 이 소식을 우리만 누릴 것이 아니라 천하 만민이 다 누리도록 복음의 기쁜 소식을 전해야 하겠다. 하나님은 우리를 이 시대의 사도와 선지자와 제사장으로 부르신다.

교회가 접목해야 할 구약 선교

지금까지 우리는 구약성경에 나타난 선교를 살펴보았다. 그렇다면 구약 선교를 현대 교회에 적용할 경우 어떤 모습을 띠게 될 것인가? 또 구약의 선교가 오늘날 교회에 주는 의미는 무엇일까?

첫째, 선교는 '하나님의 선교'라는 것이다. 하나님은 창조하고 구속하며 행동하는 분이시며, 우리 교회가 마땅히 맡아야 할 책임이자 특권이 바로 선교이다. 하나님이 우리 교회와 성도를 사랑하셔서 구원의 은혜를 베푸신 것은 편애가 아니라 열방의 복이 되는 선교에 참여하라고 주신 선물이다. 따라서 우리가 분명히 기억해야 할 것은 '우리의 선교가 아니라 하나님의 선교'라는 사실이다. 우리의 뜻과 힘으로 선교하는 것이 아니라 우리를 부르시고 보내시는 하나님의 뜻과 말씀에 순종하며 선교해야 한다. 왜 우리는 선교해야 하는가? 하나님의 다함없는 사랑 때문이다. 영적 이스라엘인 오늘날의 교회도 선택받고 보내심 받았다. 따라서 우리도 마땅히 역사 속에서 행동하시는 하나님의 일에 동참해야 한다.

둘째, 선교의 내용은 열방의 복이 되는 것이다. 선교는 창조 질서 가운데 사랑과 정의의 올바른 삶으로 나타나야 한다. 선교의 내용은 열방이 구원받고 하나님을 예배하도록 인류 구원과 새 하늘과 새 땅의 소망을 전파하는 것이다. 우리는 하나님의 선택받은 사람이기에 소망의 근거에 관하여 묻는 사람들에게 답해야 한다.

셋째, 선교의 힘과 원동력은 하나님의 계시의 말씀에 기초한다. 돈이나 지식이나 경험도 필요하지만 어디까지나 하나님의 말씀에 따른 것이어야 한다. 따라서 선교 조직, 전략, 방법, 프로그램도 필요하겠지만 가장 중요한 것은 하나님의 뜻을 보여 주는 성경 그리고 하나님의 마음을 가질 수 있는 기도에 뿌리박는 것이다. 우리는 말씀과 기도와 예배와 묵상으로 하나님의 선교에 참여해야 한다. 아울러 우리에게 값없이 주신 물질과 지식과 경험도 하나님의 선교를 위해 바쳐야 한다.

넷째, 선교는 하나님께 영광을 돌리게 하는 놀라운 사명이다. 창조주요 구세주이신 하나님, 만복의 근원이신 하나님을 찬양하고 기도하며 예배드림으로 하나님께 영광 돌리는 것이 선교의 목적이다. 우리는 모든 민족과 족속과 인종이 하나님을 알며, 즐겁고 기쁜 새 노래로 하나님을 찬양하도록 나서야 한다. 우리의 몸과 마음과 생명을 다하여 하나님을 영광스럽게 하는 위대한 하나님의 선교에 헌신해야 한다. 우리가 살아가야 할 이유와 소망이 선교에 있다.

'하나님의 선교'라고 해서 우리의 참여가 필요하지 않다는 말은 아니다. 하나님은 지금 "내가 누구를 보내며 누가 우리를 위하여 갈꼬" 하며 우리를 부르신다. 이때 이사야처럼 "내가 여기 있나이다 나를 보내소서"(사 6:8)하며 부르심에 담대하게 응답해야 한다. 우리가 가장 바라고 이루어야 할 일은 이사야가 말한 것과 같다.

> 좋은 소식을 전하며 평화를 공포하며 복된 좋은 소식을 가져오며
> 구원을 공포하며 시온을 향하여 이르기를 네 하나님이 통치하신
> 다 하는 자의 산을 넘는 발이 어찌 그리 아름다운가(사 52:7)

아브라함의 언약 백성인 교회는 열방에 복과 좋은 소식을 전하고 평화를 선포하며 구원의 소식을 전하라는 소명의 공동체요 선교 공동체이다. 마지막으로, 이사야를 통해 전하신 하나님의 말씀을 마음에 품고 기도하기를 권한다.

> ¹⁰나 여호와가 말하노라 너희는 나의 증인, 나의 종으로 택함을 입
> 었나니 이는 너희가 나를 알고 믿으며 내가 그인 줄 깨닫게 하려
> 함이라 나의 전에 지음을 받은 신이 없었느니라 나의 후에도 없으
> 리라 ¹¹나 곧 나는 여호와라 나 외에 구원자가 없느니라 ¹²내가 알
> 려 주었으며 구원하였으며 보였고 너희 중에 다른 신이 없었나니
> 그러므로 너희는 나의 증인이요 나는 하나님이니라 여호와의 말
> 씀이니라(사 43:10-12)

01

구약성경 전체 내용에 관한 새로운 인식과 관점의 변화가 있습니까?

02

"우리는 하나님의 부르심과 보내심을 받은 선교의 도구이다"라는 말에 동의
하십니까? 그렇게 생각하는 이유는 무엇입니까?

03

여호와의 도를 지켜 의와 공도를 행하는 것과 복음을 전하는 것 중 어느 것이
하나님께서 원하시는 선교에 더 중요하다고 생각합니까? 그렇게 생각하는
이유는 무엇입니까?

04

하나님 찬양이 구체적으로 선교로 이어지기 위해서 우리가 해야 할 일은 무엇이라고 생각합니까?

05

선교의 내용은 열방의 복이 되는 것입니다. 열방의 복이 되기 위해 내가 해야 할 일에는 무엇이 있을까요?

06

하나님이 나를 선교의 영역으로 부르신다면 어떻게 답하겠습니까?

03

사도행전의
마침표를 지우다

김학유

신약성경에는 이스라엘 백성에게 주어진 복음이 예루살렘에서부터 시작하여 전 세계에 흩어진 이방인들에게로 퍼져나가기까지의 역사적인 사실들이 기록되어 있다. 이는 주로 이스라엘 안에서 또는 이스라엘을 통해서만 구원을 얻을 수 있었던 구약의 선교적 현상과는 사뭇 다른 것이다. 구약 시대에는 일부 예외도 있었지만 대부분 이스라엘 방문을 통해서 이방인의 구원이 이루어졌다. 하지만 신약 시대에는 이방인들이 구원을 얻기 위해 반드시 이스라엘을 방문할 필요가 없어졌다. 성령의 역사를 통해 전 세계 어느 곳에서나 주님을 만나고 구원을 얻을 수 있는 기회가 주어진 것이다.

> [21]예수께서 이르시되 여자여 내 말을 믿으라 이 산에서도 말고 예루살렘에서도 말고 너희가 아버지께 예배할 때가 이르리라 [22]너희는 알지 못하는 것을 예배하고 우리는 아는 것을 예배하노니 이는 구원이 유대인에게서 남이라 [23]아버지께 참되게 예배하는 자들은 영과 진리로 예배할 때가 오나니 곧 이때라 아버지께서는 자기에게 이렇게 예배하는 자들을 찾으시느니라 [24]하나님은 영이시니 예배하는 자가 영과 진리로 예배할지니라(요 4:21-24)

위 말씀에 기록된 사건은 신약 시대에 복음이 어떻게 온 세상에 편만해지는가를 잘 드러낸다. 수가 성 여인은 예수님께 어느 곳에서 드려지는 예배를 하나님께서 받으시는가 하고 물었다. 당시 남쪽의 유다 백성은 예루살렘에서 하나님께 예배드렸고, 북부에 살던 이스라엘 백성은 그리심 산에서 예배드렸다. 여인의 질문에 대해 예수님은, 하나님께서 받으시는 예배는 더 이상 예루살렘 성전이나 그리심 산의 신당에서 드려지는 것이 아니라 '신령과 진정'(성령과 진리)으로 드려지는 예배라고 가르쳐 주셨다. 이 말씀은 성령님께서 임재하고 하나님의 말씀이 선포되는 예배라면 장소 여하를 불문하고 하나님께서 열납하신다는 의미다. 다시 말해, 정해진 장소에서 드리는 예배에는 더 이상 특별한 의미가 없고, 오직 성령과 진리의 말씀으로 드려지는 예배인지가 중요하다는 것이다. 신약 시대엔 장소의 제한 없이 온 세상 어디서나 하나님께 예배가 드려질 것을 미리 암시적으로 가르치신 것이다.

주님의 말씀처럼 이제 이스라엘 백성만 지녔던 예배의 특권은 사라지고, 모든 이방인도 성령과 진리 안에서 자유롭게 예배드리는 시대가 왔다. 예수님과 수가 성 여인의 대화는 이방인의 시대가 왔음을 알려 주신 매우 의미 있는 사건이었다.

실제로 주후 70년에 예루살렘 성전이 무너졌고, 이스라엘 백성의 예배는 더 이상 그곳에서 진행되지 못했다. 이후로 복음은 이스라엘이라는 국가와 지역을 넘어 급속하게 이방인들의 땅으로 전파되기 시작했다. 사도행전 2장에는 오순절 절기를 지키기 위해 근동 지방의 열다섯 곳 이상에서 흩어져 살아오던 유대인과 이방인들에게 복음이 전파된 사실이 기록되어 있다. 또 사도행전 8장에는 사마리아인들에게 복음이 전파된 사건이 기록되었으며 사도행전 10장에는 하나님을 경외하던 이방인(God-fearer) 고넬료의 회심 이야기가 적혀 있는데, 이는 이방인 선교의 시작을 알리는 매우 중요한 선교사적 사건들이다. 사도행전 11장에 기록된 안디옥 교회의 탄생과 더불어 시작된 이방인 선교는 바울과 바나바를 통하여 본격적인 닻을 올리게 된다.

복음, 예루살렘을 넘어서다

복음서에는 이방인들의 신실한 믿음과 헌신에 관한 내용이 두드러지게 등장한다. 그들의 믿음과 헌신은 이스라엘 백성의 태도와 강한 대조를 이룬다. 이방인들의 믿음은 늘 칭찬과 격려를 동반하는 반면, 이스라엘 백성의 믿음은 핀잔과 책망을 동반한다. 복음서에는 이방인들의 '믿음 있음'과 이스라엘 백성의 '믿음 없음'이 매우 대조되어 있다. 이방인들은 예수 그리스도를 적극적으로 받아들이는 반면, 이스라엘 백성은 예수 그리스도를 철저히 배격한다. 이러한 현상을 가리켜 '거부와 수용'(rejection-acceptance theme)이라고 부른다. 예수님에 대한 이스라엘 백성의 철저한 거부와 이방인들의 수용이라는 주제는 복음서의 중요한 내용 중 하나다.

마태복음 8장 5-13절에 기록된 백부장 사건은 이방인들이 지닌 믿음이 이스라엘 백성의 믿음보다 훨씬 탁월한 것이었음을 드러낸다. 백부장의 하인이 앓던 중풍은 예나 지금이나 난치병이었다. 이것이 인간의 능력으로 치유할 수 없는 질병임을 잘 알았던 백부장은 마지막 소망을 예수님께 두고 그분을 찾아왔다. 예수님은 그의 하인을 고쳐 주셨고, 그 과정에서 보여 준 백부장의 믿음은 예수님을 감동시키기에 충분했다. 직접 안수하지 않아도 먼 곳에서 말씀으로 고치실 수 있다는 그의 믿음을 예수님은 크게 칭찬하신다.

반면 이스라엘 백성의 불신에 대해서는 엄중히 경고하시면서 이스라엘 백성이 구원의 반열에 들어오지 못하게 될 것을 예언하셨다. 우리는 이스라엘 백성 가운데 이방인인 백부장의 믿음 같은 참 믿음을 지닌 사람이 아무도 없다고 하신 주님의 선언에 담긴 선교적인 의미를 깨달아야 한다. 이는 예수님을 배척하는 이스라엘 백성을 대신하여 참 믿음을 지닌 이방인들이 전 세계로부터 찾아와 하나님을 섬기고 예수님의 이름을 높이는 시대가 도래할 것을 예언하신 매우 의미 있는 장면이다.

누가복음 4장 25-27절에 등장하는 사렙다 과부와 나아만 장군의 사례에도 이방인들의 구원이 강력히 강조되어 있다. 우리는 예수님께서 3년 6개월의 오랜 기근 가운데 이스라엘의 모든 과부들이 구원받지 못했으나 오직 이방인인 사렙다의 한 과부만 구원받았음을 강조하신 이유를 깨달아야 한다. 이스라엘 백성 가운데 많은 나병 환자들이 있었지만, 오직 이방인인 수리아 사람 나아만 장군만이 나음 입은 사실을 언급하신 의도를 이해해야 한다. 예수님은 의도적으로 철저하게 이방인 편을 들고 계신 것이다. 예수님을 믿지도, 영접하지도 않는 이스라엘 백성을 향해 분명한 메시지와 도전을 선포하신다. 앞으로 예수님을 영접하고 믿게 될 수많은 이방인들이 이스라엘 백성에게 약속한 축복을 대신 차지할 것을 암시하고 계신 것이다.

누가복음 17장 11-19절에 기록된 나병 환자 열 명의 사례에서도 이스라엘 백성과 사마리아인 사이에 존재하는 극명한 차이점이 잘 드러난다. 병 고침을 받은 후 아홉 명의 이스라엘 백성은 자기들이 받은 은혜를 당연한 것으로, 자연스러운 것으로 인식했던 것 같다. 반면 사마리아인은 병 나음을 철저히 하나님의 은혜요 그분의 사랑으로 여긴 것을 볼 수 있다. 오직 사마리아인만 하나님께 영광 돌렸다는 사실은 앞으로 이스라엘 백성이 아닌 이방인들이 하나님께 영광 돌리는 시대가 올 것을 알리는 장면이다.

누가복음 14장 15-24절과 마태복음 22장 1-10절에 기록된 잔치의 비유 역시 마찬가지다. 미리 초대받은 이스라엘 백성이 다양한 이유로 잔치에 오지 않으므로 초대받지 못한 손님인 이방인들이 오히려 잔치자리에 앉게 된다는 이 비유는, 이스라엘 백성이 누릴 예정이던 구원의 복을 미래에 이방인들이 대신 누리게 됨을 보여 주신 일종의 예언이다.

이 외에도 탕자의 비유(눅 15:11-32), 포도원 농부의 비유(막 12:1-10), 포도원 품꾼의 비유(마 20:1-16) 역시 이방인들이 얻게 될 구원을 미리 보여 주신 것이다.

예수님의 선교 명령

이방인들을 향한 예수님의 관심이 구체화된 사례가 바로 '선교 명령'이다. 우리는 3년 동안 제자들을 부르시고 훈련시키신 궁극적인 목적이 바로 세계 복음화라는 사실을 생각하면서 그분의 선교 명령을 상세히 살펴보아야 한다. 주님의 선교 명령은 제자들이 어떻게 이방인 복음화의 과업을 이루어 나가야 하는가를 매우 구체적으로 가르쳐 준다.

신약의 각 복음서에는 서로 다른 강조점을 지닌 선교 명령들이 등장한다. 마태는 가르침을 강조하고, 마가는 믿음을 강조하며 누가는 성령을, 요한은 위임을 강조한다. 이렇게 서로 다른 강조점들을 모두 우리가 수행해야 할 선교 사역의 원리와 가이드로 삼아야만 한다.

주님이 가르치신 모든 것을 가르치라

> [16]열한 제자가 갈릴리에 가서 예수께서 지시하신 산에 이르러 [17]예수를 뵈옵고 경배하나 아직도 의심하는 사람들이 있더라 [18]예수께서 나아와 말씀하여 이르시되 하늘과 땅의 모든 권세를 내게 주셨으니 [19]그러므로 너희는 가서 모든 민족을 제자로 삼아 아버지와 아들과 성령의 이름으로 세례를 베풀고 [20]내가 너희에게 분부한 모든 것을 가르쳐 지키게 하라 볼지어다 내가 세상 끝날까지 너희와 항상 함께 있으리라 하시니라(마 28:16-20)

마태복음에서는 선교 명령에 관하여 타 복음서보다 상세히 배경과 의미를 기술하고 있다. 예수님은 부활하신 이후로 제자들 앞에 여러 번 등장하셨는데, 대부분 예고 없이 나타나신 경우가 많았다. 하지만 선교 명령을 주시기 전에는 제자들에게 미리 장소와 시간을 정해 두고 만나셨다. 이는 선교 명령이 예수님께나 제자들 모두에게 매우 중요한 것임을 보여 주는 요소이다.

'지시하신 산'에서 만난 제자들에게 예수님께서는 반드시 인식해야 할 매우 중요한 부분을 전하신다. 선교 명령을 수행하기에 앞서 제자들에게 진정으로 필요한 것은 바로 예수님께로부터 공급되는 초자연적인 능력이었다. 부활 후에 예수님께 부여된 초자연적인 능력, 즉 그분이 지니신 '하늘과 땅의 모든 권세'를 힘입지 않고서는 결코 성공적 선교 사역을 수행할 수 없다는 것이다. 이 교훈을 제자들에게 처음부터 강조하며 가르치신 것이다.

선교 사역은 예수님께 대한 철저한 의지와 더불어 그분이 공급하시는 능력을 덧입은 후에야 비로소 시작할 수 있다. 이 사실을 깊이 인식하는 것이 중요하다. 예수님은 부활하시기 전엔 한 번도 실제적인 세계 선교 명령을 구체적으로 하신 적이 없었다. 예수님의 구원 계획 속에는 분명 온 세계가 포함되어 있었지만, 자신이 하늘과 땅의 모든 권세를 가지시기 전에는 결코 세계 선교의 사명을 구체적으로 명하지 않으셨다. 이 사실은 주님의 능력이 우리와 함께하는 것이 선교에 있어 얼마나 중요한가를 잘 가르친다. 이 같은 이해가 바탕 되어야 비로소 마태복음 28장 19절의 '그러므로'에 내포된 문맥상의 의미를 깨달을 수 있다. 선교는 우리 자신의 힘과 능력으로 감당할 수 있는 사역이 아닌 것이다.

마태에게 있어 선교의 궁극적인 목적은 '제자 삼는

것'이다. 제자 삼을 대상은 물론 '모든 이방인'(족속)이다. 여기에 사용된 단어 '에스노스'(ethnos)는 이방인 또는 족속으로 번역할 수 있다. 우리는 모든 이방인을 제자 삼기 위해서 가야 하고, 세례를 베풀어야 하고, 가르쳐야 한다. 본문에 등장하는 여러 개의 동사 가운데 유일한 명령형인 '제자 삼으라'(마태튜사테, μαθητευσατε)는 동사 외에 모두 분사형으로 기록되었다. 이는 선교에 있어서 마태가 가장 중요하게 여긴 사역이며, 바른 제자 양육을 위해서는 반드시 가르침이 동반되어야 함을 강조한 부분으로 해석된다. 마태는 선교사들이 이방인들에게 가르칠 내용이란 '주님이 가르치신 모든 것'이라면서, 선교는 자기 확신이나 경험을 가르치는 사역이 아님을 간접적으로 알려 준다. 따라서 모든 선교사들은 목회자든 평신도든지에 상관없이 주님의 교훈과 가르침을 담은 성경에 정통해야 할 뿐 아니라 그것을 가르칠 만한 능력을 구비해야 한다. 끝으로, 마태는 '주님의 동행'을 강조한다. 그는 우리가 선교 사역을 수행해 나가는 과정에 예수님께서 '항상'(모든 날 동안) 함께해 주시겠다고 약속하셨음을 일깨워 준다. 우리가 선교를 향해 한걸음 내딛는 순간 그분도 우리와 동행하신다. 그러니 예수님이 동참해 주실 것을 믿고 두려움 없이 전진해야 한다.

선교의 핵심은 복음이다

[46]또 이르시되 이같이 그리스도가 고난을 받고 제삼일에 죽은 자 가운데서 살아날 것과 [47]또 그의 이름으로 죄 사함을 받게 하는 회개가 예루살렘에서 시작하여 모든 족속에게 전파될 것이 기록되었으니 [48]너희는 이 모든 일의 증인이라 [49]볼지어다 내가 내 아버지께

서 약속하신 것을 너희에게 보내리니 너희는 위로부터 능력으로 입혀질 때까지 이 성에 머물라 하시니라 50예수께서 그들을 데리고 베다니 앞까지 나가사 손을 들어 그들에게 축복하시더니 51축복하실 때에 그들을 떠나 [하늘로 올려지시니] 52그들이 [그에게 경배하고] 큰 기쁨으로 예루살렘에 돌아가 53늘 성전에서 하나님을 찬송하니라(눅 24:46-53)

누가복음과 사도행전을 자세히 보면 누가는 이방인들과 가난한 자들에게 깊은 관심을 지닌 인물이었음을 쉽게 발견할 수 있다. 바울과 함께 사역하며 선교 현장에서 직접 보고 배운 누가는 특히 이방인들의 구원과 그들을 향한 매우 선교적이며 우주적인 기록들을 많이 남겼다. 이미 잘 알려진 것처럼 그는 누가복음과 사도행전의 저자로서 주님과 바울의 선교 활동을 매우 상세하고 깊이 있게 다루었다. 두 권의 책이 마치 한 권처럼 느껴지는 이유가 바로 여기에 있다. 실제로 누가복음과 사도행전은 선교적 내용의 고리들로 서로 연결되어 있다.

누가복음에 기록된 선교적 주제에는 매우 포괄적이고 구체적인 특징이 있다. 그의 글에는 선교의 범위, 선교의 내용, 선교 사역의 진행, 성령의 필요성과 역할 등

선교에 관한 다양한 내용이 망라되어 있다. 우선, 누가는 예수님의 복음 즉 예수님의 십자가 사건에 따른 구속 사건이 선교 사역의 핵심이 되어야 함을 강조한다. 누가는 선교사들이 이방인들에게 반드시 선포해야 하는 메시지는 그리스도의 '고난'과 '부활', 그리스도로 말미암은 '죄 사함'과 '회개'여야 함을 가장 먼저 언급한다. 요컨대 누가에게 있어 그리스도 사건은 선교 사역의 핵심이며 기초인 동시에 필수 요소인 것이다. 누가가 강조하듯이, '예수 그리스도'라는 사건이야말로 현대 선교사들이 반드시 선포해야 할 복음의 핵심임을 잊어서는 안 된다. '사회 복음'(social gospel)을 강조하는 사역자들도 선교 사역을 수행해 가는 과정에서 기독교 복음의 핵심인 예수 그리스도의 십자가 사건을 생략하거나 약화시켜서는 안 되는 이유가 바로 여기에 있다.

특히 누가복음 24장 47절에는 복음이 어떻게 온 세상에 편만하게 될 것인가가 지리적 관점에서 기술되어 있다. 누가는 그리스도의 복음이 예루살렘에서 시작되어 '모든 족속'에게 전파될 것을 예시한다. 사도행전에는 이 내용이 보다 상세하게 기록되었는데, 누가는 복음 전파가 예루살렘에서 시작되어 온 유대와 사마리아를 거쳐 땅 끝까지 이르게 될 것을 예언하는 것이다. 누가의 비전은 이미 땅 끝에 있었다. 당시에는 그리스도의 복음이 마치 예루살렘에 묶인 듯 보였지만, 누가는 시간이 지나면서 복음이 지리적 확장을 통하여 땅 끝까지 이르게 될 것을 믿음의 눈으로 바라보았다. 우리의 관심과 꿈도 내 가족, 내 나라, 내 민족에 머물 것이 아니라 누가와 같이 땅 끝을 바라보는 선교적 비전으로 바뀌어야 한다.

한편 48절에서는 선교사의 역할이 '증인'되는 것임을 명시한다. 증인이란 그리스도의 삶과 죽으심, 고난과 부활을 직접 목격한 자들을 지칭

하는 말이다. 그러므로 선교는 자기가 만나고 경험한 예수 그리스도를 있는 그대로 전파하는 사역이라고 할 수 있다. 현장을 목격한 사람만이 증인으로서의 자격이 있듯이, 주님과의 인격적 만남과 교제를 경험한 사람만이 그리스도의 증인이 되는 것이다. 선교 사역에 직접 동참하거나 선교 후원을 소망하는 사람들은 반드시 그리스도를 인격적으로 만났거나, 그분과 깊은 영적 교제를 나누었던 경험이 있어야 한다.

누가는 49절에서 사역자들이 선교 사역을 수행하기 전에 먼저 성령의 능력으로 덧입혀져야 함을 강조한다. 성령의 도우심 없이 선교 사역을 수행함이 불가능하다는 사실을 간접적으로 암시하는 것이다. 이와 관련하여 예수님께서 제자들에게 예루살렘을 떠나지 말라고 명하신 이유와 의미를 깊이 이해하는 것이 매우 중요하다. 그것은 제자들이 성령으로 충만하지 못한 상태로는 주님의 선교 명령을 바르게 수행할 수 없음을 예수님께서 잘 아셨기 때문이다. 제자들의 경험과 실력만으로 세계 선교의 사명을 감당하는 것이 불가능함을 누구보다 잘 아셨던 주님은 그들에게 성령의 능력이 반드시 공급되어야 함을 아시고 명령을 내리셨다. 마찬가지로 우리에게도 성령의 도우심과 인도 없이는 어느 누구도 선교 사역을 바르게 이끌어 나갈 수 없음을 겸허히 받아들이는 겸손한 태도가 절실히 요구된다.

사도행전은 어떻게 복음이 예루살렘에서 시작하여 온 세계로 전파되어 나갔는가를 역사·지리적으로 기술한 책이다. 사도행전은 누가복음과 연속선상에 위치하는 책으로, 내용에 있어서나 기술 방식에 있어 누가복음과 매우 흡사하다. 또한 누가복음의 끝이 사도행전의 전반부와 자연스럽게 연결되므로 사도행전의 전반부를 이해하는 것이 난해하거나 복잡하지 않다. 한마디로 두 책은 '그리스도의 승천'과 '성령의 임함'이라는 주제로 서로 이어지는 것이다.

제자들이 선교 사역을 보다 효과적으로 수행할 수 있도록 성령께서 하늘로부터 그들에게 임하셨다. 예수님께서 부활하신 후, 제자들은 사실 구약성경에 예언된 하나님의 나라가 곧 임하기를 기대했었다. 이런 제자들을 향해 예수님께서는 새로운 사명을 부여하셨는데, 그 명령은 제자들이 전혀 기대하지도 원하지도 않았던 선교 명령이었다. 예수님을 통해 자신의 정치적 야망과 비전을 성취하려던 제자들에게 선교 명령이 주어진 것이다.

제자들이 기대하고 바라던 것과 전혀 상관없는 이 선교 명령이 그들에겐 다소 생소하게 들렸을지 모른다. 하지만 제자들은 주님께서 자기들을 부르셔서 3년 동안 쉬지 않고 가르치시고 삶을 함께 나누신 이유와 목적이 바로 세계 복음화에 있음을 깨달아야만 했다. 그래서 주님은 제자들을 부르신 이유가 그들의 세속적인 성공과 출세를 위함이 아니라 세계 복음화에 있음을 다시 한 번 일깨워 주신 것이다.

주님은 선교 사역을 효과적으로 수행하기 위해서 성령의 권능이 절대적으로 필요함을 제일 먼저 가르치셨다.

> 오직 성령이 너희에게 임하시면 너희가 권능을
> 받고 예루살렘과 온 유대와 사마리아와 땅 끝까
> 지 이르러 내 증인이 되리라 하시니라(행 1:8)

이 말씀은 명쾌한 '선교 공식'을 담고 있다. 증인이 되기 위해서는 권능이 필요하고, 권능을 얻기 위해서는 성령의 임재가 필요하다. 즉, 효과적인 증인이 되기 위해서는 성령의 도움이 절대적으로 필요하다는 말씀이다. 사도행전에 기록된 선교 역사들은 거의 예외 없이 이 공식에 따라 진행된다. 그러므로 우리도 주님이 바라시는 효과적인 증인이 되기 위해서는 권능이 필요하고, 권능을 얻기 위해서는 성령의 도우심이 절대적으로 필요함을 인식하고 선교 사역에 임하기 전부터 철저히 성령님을 의지하려는 훈련을 해야 한다.

이방인 선교는 성령의 임하심과 함께 시작된다. 사도행전 2장 4절은 어떻게 제자들이 최초로 증인 역할을 감당했는가를 보여 준다. 마침내 제자들에게 주님의 약속하신 성령이 임하셨고, 그들은 자신의 의지와 상관없이 "성령이 말하게 하심을 따라" 각종 방언을 말하게 되었다.

학자들은 그들이 말한 방언의 종류가 적게는 서너

종류, 많게는 열다섯 종류의 근동지방 언어였을 것이라고 추측한다. 언어 종류가 몇 개였든 중요한 점은 그들이 선포한 방언으로 근동지방 열다섯 지역에서 온 사람들이 그리스도의 고난과 부활에 관하여 들었다는 점이다. 제자들의 입에서 나오는 복음 선포로 당일에만 적어도 3천 명 이상이 주님을 영접하고 세례 받았다는 사실은 실로 기적이 아닐 수 없다. 이러한 영적 변화가 제자들이 본래 지녔던 지식이나 능력에 의한 것이 아님은 분명하다. 개인의 회심이 성령의 역사로만 가능하다는 점을 생각할 때, 그들에게 주어진 능력은 분명 성령의 역사였다. 결국, 제자들은 성령의 도우심과 역사 때문에 능력 있는 증인이 될 수 있었던 것이다. 이렇듯 영적인 열매는 인간의 능력이 아닌 성령님의 능력으로만 맺을 수 있다. 오순절에 이 땅에 임하신 성령님께서 가장 먼저 하신 사역이 바로 선교 사역이었음을 마음에 품고, 세상의 모든 교회는 사역의 우선순위를 어디에 둘 것인가를 깊이 고민해야 할 것이다.

제자들은 오순절 사건 이후로도 지속적으로 선교 사역을 펼쳐 나갔다. 사도행전 3장에는 앉은뱅이를 고친 사건이 등장하며, 4장에서는 산헤드린 공의회 앞에서 두려움 없이 복음을 전파하는 장면이 그려진다. 성령의 능력으로 앉은뱅이를 고친 제자들은 다시 한 번 '증인'(행 3:15)이 되었고, 뒤이어 지속된 사역들을 통해서도 '증인'(행 5:32)의 역할을 담대히 수행해 나갔다.

성령께서는 제자들에게 온갖 협박과 순교의 위협 속에서도 두려움 없이 복음을 증언할 수 있는 담대함과 용기를 주셨다. 이는 인간이 스스로 자아낼 수 없는 것들로서 성령의 강력한 역사와 도움으로만 지닐 수 있는 것이다. 현재도 복음화를 거부하는 지역에서는 날마다 살해의 위협을 마주하며 선교 사역에 종사하는 수많은 사역자가 존재한다. 선교지에서 날마다 엄습해 오는 두려움과 죽음의 공포를 극복하려면 성령님의 도우심이 절대적으로 필요하다. 성령 충만했던 스데반 집사가 죽음의 위협과 공포에 두려움 없이 직면했듯이, 성령 충만한 사역자들만이 때때로 드리워지는 두려움과 공포를 극복할 수 있을 것이다.

순종할 것인가, 거부할 것인가

초대교회 당시 예루살렘 교회는 가장 많은 성도로 구성된 공동체였다. 적게는 3만 명, 많게는 5만 명 정도의 성도가 함께 신앙생활을 영위해 갔던 것이다. 그들은 수많은 위협과 핍박 속에서도 성도로서의 정체성을 잃지 않고 꿋꿋하게 신앙을 지켜 나갔다. 예수님의 제자들은 주님의 이름으로 수많은 기적과 이사를 행했고, 성도들은 사도들의 가르침을 받아 거의 완벽한 공동체를 이루어 살아갔다. 그들은 물건을 서로 통용하면서 가난한 성도들의 결핍을 해결했고, 자기 소유의 재물을 팔아 선한 일들을 펼쳐 나감으로써 세상으로부터 칭송받았다. 그들은 기독교 역사와 일반 역사를 통틀어 가장 성령 충만하고 이상적인 공동체를 이루었다(행 2:43-47, 4:32-35).

그럼에도 예루살렘 공동체에는 매우 치명적인 결점

이 있었는데, 그것은 바로 이방인들에 대한 철저한 거부감이었다. 동일한 신앙과 종교적 전통을 지닌 동족들에게는 매우 관대하고 열린 사고를 보였지만, 타 종교나 다른 전통과 가치관을 지니고 살아가던 이방인들에게는 철저하게 냉정하고도 폐쇄적으로 일관했던 것이다. 한마디로 예루살렘 공동체의 한계는 자기와 다른 종교 혹은 전통 속에서 살아온 이방인들을 향해 복음을 들고 나가지 못한다는 점이었다. 하나님을 잘 섬겼고, 신앙 공동체로서도 전혀 손색없을 정도로 완벽했음에도 그들은 이방의 장벽을 넘어서지 못했다. 그들의 이러한 모습을 적나라하게 보여 주는 대표적인 사례가 바로 고넬료 이야기다. 이방인 고넬료를 대하는 베드로의 태도는 예루살렘 공동체에 속한 대부분의 성도들이 지녔던 이방인 의식을 잘 드러낸다.

사도행전 10장에 등장하는 고넬료란 인물은 하나님을 경외하며 백성을 많이 구제하던 선한 이방인이었음에도 베드로의 배척을 받았다. 수많은 기적을 행하며 순교를 각오하고 산헤드린 공의회 앞에서 복음을 증언하던 베드로, 거의 완벽한 신앙 공동체를 이끌던 그조차 이방인에 대한 편견과 선입견에 사로잡혀 고넬료를 거부했던 것이다. 베드로는 "하나님께서 깨끗하게 하신 것"을 "속되고 깨끗하지 않은 것"으로 여기며 철저히 거부하던 인물이었다(행 10:14-15).

예수님과 3년 동안이나 함께 다니며 받았던 영적 훈련의 목적과 의미를 끝내 발견하지 못한 베드로를 교훈하기 위해 하나님께서는 극적인 사건을 예비하셨다. 즉, '환상'이라는 매우 신비한 방법을 동원하면서까지 베드로에게 이방인 선교의 중요성을 가르치시려고 했던 것이다. 베드로는 고집이 센 인물로 알려져 있다. 그런 그의 이방인 거부의식은 철저했을 것이다. 분명 부활하신 주님으로부터 세계 선교 명령을 받았음에도, 베드로는 철저한 선민의식으로 이방인 선교를 철저히 거부했다. 그럼에도 하나님의 열심은 마침내 베드로를 굴복시켰다.

하나님을 인격적으로 깊이 만나고 수많은 영적인 체험을 지닌 성도들이라 할지라도 이방인 혹은 이방 문화의 장벽과 선입견을 극복하며 선교 사역에 적극 동참하는 것이 쉬운 일은 아니다. 주님께로부터 직접 선교적 사명을 부여받았던 베드로조차 이방인 선교 사역에 동참하기까지 긴 갈등의 시간이 필요했던 점을 기억하면서, 우리 역시 이방인 선교 사역에 동참하기 위해 수많은 내면적 갈등과 타 문화의 장벽을 극복해야 한다는 점을 명심해야겠다. 우리는 이미 선교 명령을 받은 자들이다. 교회 안에는 단지 두 부류의 성도들만 존재한다. 선교 명령에 순종하는 성도와 거부하는 성도 말이다.

전통의 담을 허물다

안디옥 교회 탄생의 배경에는 아픈 역사가 있다. 스데반의 순교로 촉발된 '큰 핍박'으로 흩어진 성도들이 설립한 교회가 바로 안디옥 교회다(행 11:19). 주님께 선교 명령을 부여받았던 예루살렘 성도들의 불순종과 그에 따르는 핍박으로 뿔뿔이 흩어져야 했던 성도들은 안디옥에 와서 복음을 전했고, 이 선교의 능력이 폭발적으로 성장하면서 안디옥 교회가 탄생했다. 다시 말해, 안디옥 교회는 많은 사람의 순종이 아닌 '소수의 순종'이 맺은 열매였다.

핍박을 피해 안디옥으로 온 대다수의 성도는 유대인에게만 복음을 전했지만, 그중 소수의 성도들이 이방인들에게 복음을 전하기 시작했고, 주님이 함께하심으로 폭발적인 성장을 이루었다. 과거나 현재나 선교 사역은 선교 명령에 순종하는 소수의 성도들에 의하여 지속되고 있다.

안디옥은 로마 제국의 3대 도시 중 하나로 로마, 알렉산드리아와 더불어 제국을 대표하던 국제도시였다. 다양한 인종들과 다양한 문화와 종교가 혼재했기 때문에 매우 개방적이고 자유로운 분위기였다. 세계 복음화를 위해 하나님께서 선택하신 교회가 예루살렘 교회가 아닌 안디옥 교회였다는 사실은 매우 흥미롭다. 하나님께서는 왜 더 크고 전통 깊은 예루살렘 교회 대신 신생 교회인 안디옥 교회를 세계 복음화의 전진 기지로 삼으셨을까?

하나님은 아마도 이질적인 것들 즉 이방의 전통과 가치, 종교, 문화 등을 거부하며 살아온 예루살렘 공동체의 한계를 보시고 다양한 전통과 가치들을 포용하며 살아온 안디옥 공동체의 '열린 사고방식'을 선택하신 것이 아닌가 싶다. 전통에 갇힌 예루살렘 교회보다는 순종할 줄 아는 안디옥 교회가 주님께는 더 필요했는지 모른다. '이분법적 사고'에 갇혀 모든 현상을 흑백으로 구분하려는 예루살렘 공동체보다는 '총체적 사고'를 통해 모든 현상들을 이해하려는 안디옥 공동체가 선교 사역에 더 적합했던 것이다. 주님은 폐쇄적인 사고에 갇힌 공동체보다는 열린 사고로 다양한 가치와 전통들을 수용하려는 자세를 지닌 공동체에게 선교 사역을 맡기길 원하실 것이다.

> ¹안디옥 교회에 선지자들과 교사들이 있으니 곧 바나바와 니게르라 하는 시므온과 구레네 사람 루기오와 분봉 왕 헤롯의 젖동생 마나엔과 및 사울이라 ²주를 섬겨 금식할 때에 성령이 이르시되 내가 불러 시키는 일을 위하여 바나바와 사울을 따로 세우라 하시니 ³이에 금식하며 기도하고 두 사람에게 안수하여 보내니라 ⁴두 사람이 성령의 보내심을 받아 실루기아에 내려가 거기서 배 타고 구브로에 가서 (행 13:1-4)

기독교 역사상 최초로 선교사들을 타 문화권으로 파송한 교회 역시 안디옥 교회였다. 안디옥 교회는 자기들이 가지고 있던 최고의 영적 자산인 지도자 두 사람을 선교를 위해 포기한 공동체였다. 즉, 세계 복음화의 과업을 이루기 위해 영적 지도자인 사울과 바나바를 보내 주었던 것이다. 안디옥 교회는 가장 중요하고 가치 있는 것들을 세계 선교를 위해 내려놓을 줄 아는 교회였다. 선교를 위해 기꺼이 값진 대가를 치를 준비가 되어 있던 공동체를 하나님께서 들어 사용하신 것이다.

두 명의 선교사가 파송되는 이 장면을 통하여 우리는 또 다른 도전을 받는다. 안디옥 교회의 지도자들이 지녔던 '영적 민감성'이 바로 그것이다. 그들은 영적으로 민감하게 깨어 있었고, 마침내 금식기도 하는 가운데 성령의 음성을 들을 수 있었다. 영적으로 민감하게 깨어 있지 않으면 성령의 음성을 들을 수 없고, 그러면 하나님의 뜻과 계획에 동참할 수 없다. 안디옥 교회 지도자들은 깨어 있었고, 마침내 주님의 계획에 순종할 수 있었다. 주님은 지금도 우리를 선교로 부르시지만, 영적으로 둔감해진 우리는 그분의 음성을 듣지 못하고 따라서 순종할 수도 없다. 주님의 선교 사역에 동참하기를 원하는 성도라면 누구나 예외 없이 영적으로 민감하게 깨어서 성령의 인도를 받으려는 겸손함을 지녀야 한다.

성령께서 선교사들을 지정하여 파송할 때는 대개 선교사들에게 직접 말씀하신다. 다만, 안디옥 교회의 경우 '교회 지도자들'에게 먼저 말씀하셨다는 사실을 눈여겨 볼 필요가 있다. 선교는 교회의 지도자들이 주도권을 갖고 수행해야 함을 가르쳐 주는 장면이다. 본문은 선교의 중심 기관이 선교사가 아니라 교회의 지도자 또는 선교사가 속한 공동체임을 분명히 전한다. 그럼에도 오늘날 선교의 주 역할을 교회가 아닌 선교사 개인이 하고 있다는 사실은 매우 안타깝다. 교회와 교회의 지도자들이 영적으로 깨어서 세계 선교를 주도하고 이끌어야 함에도, 교회는 잠자고 선교사들만 깨어 있는 한국 교회의 현실이 답답할 뿐이다. 한국 교회가 하루속히 영적으로 민감하게 깨어나서 주님의 음성을 듣고, 세계 복음화의 과업에 적극적으로 동참하기를 우리는 기도해야 한다.

소명의식이 있는가

바울의 사역은 현대 선교의 모델이라고 할 수 있다. 그가 보여 주는 다양한 도전들은 현대를 살아가는 우리에게 많은 교훈과 깊은 통찰력을 제공한다. 그가 기독교 역사상 누구도 흉내 낼 수 없는 탁월한 선교 사역의 열매들을 맺었으며, 심한 역경 속에서도 포기하지 않고 끝까지 사명을 감당할 수 있었던 힘의 원천이 무엇일까? 답은 바로 그가 지녔던 확고한 '소명의식'에 있다. 바울의 확고한 소명의식은 그가 당한 수많은 고난과 역경, 난관과 죽음을 극복하게끔 했던 원동력이 되었을 것이다. 세계 복음화를 위해서는 자기의 생명조차 조금도 귀한 것으로 여기지 않았던 인물이 바로 바울이다. '복음을 전하지 않으면 화를 당하게 될 것'(고전 9:16)이라는 자기 확신과, 죽음이 기다리는 곳을 향해 거침없이 발걸음을 옮길 수 있었던 용기는 아마 그의 철저한 소명의식이었을 것이다. 이러한 소명의식을 지닌 자만이 선교지에서 만날 수많은 역경과 난관을 극복하고, 순교의 자리에까지 나아갈 수 있다.

바울은 평생 자기가 설정한 '선교 원리'를 지키며 사역했던 인물이다. 그중에서도 가장 우리의 관심을 끄는 것은 '미전도 종족 선교' 원리이다. 그는 남의 터 위에 집을 세우지 않는다는 원칙을 평생 동안 지켰다. 이미 그리스도의 이름을 부르는 곳에는 복음을 전하지 않기로 작정한 것이다. 그의 선교 사역의 궁극적인 목표란 복음을 온 세상에 편만하게 하는 것이었기 때문이다.

> 또 내가 그리스도의 이름을 부르는 곳에는 복음을 전하지 않기를
> 힘썼노니 이는 남의 터 위에 건축하지 아니하려 함이라(롬 15:20)

대신 복음을 접하지 못한 사람들이 그의 사역 대상이었다. 이는 지금도 선교지에서 철저히 지켜져야만 하는 매우 중요한 원리라고 생각된다. 세계 복음화의 과업을 하루속히 앞당기기 위해서는 '미전도 종족 선교' 사역에 우선순위를 두고, 많은 관심과 아낌없는 투자를 집중해야만 한다.

사도 바울은 자신이 쓴 서신서의 처음과 끝 부분에서 종종 기도를 부탁한다. 바울은 자기가 설립한 교회들을 위한 기도 외에도 자기의 선교 사역을 위한 기도를 종종 부탁했다. 그가 부탁한 기도 제목들은 매우 실제적이고 실천적인 것들이었다. 첫째로, 바울은 자기가 사역하는 지역에서 '전도의 문이 열리도록' 그리고 '말씀의 문이 열리도록' 기도해 줄 것을 부탁했다(골 4:2-4). 성도들의 기도가 선교지에서 전도의 문을 열고 말씀을 전파할 기회를 얻게 하는 능력을 발휘할 것임을 믿고 이런 기도를 부탁했을 것이다. 이 시대에도 성도들의 기도가 선교의 문과 전도의 문을 여는 능력의 기도임을 믿고 기도로 동참해야 한다.

이어 바울이 부탁한 두 번째 기도 제목은 선교사들의 '안전'에 관한 것이었다. 당시나 지금이나 선교사들의 신변은 항상 위험에 노출되어 있다. 따라서 바울은 성도들에게 자신의 육체적인 안전을 위해 기도를 부탁

한 것이다(롬 15:30-32, 엡 6:18-20, 데전 5:25, 데후 3:1-3, 빌 22 장). 지금도 '제한 지역'이나 '창의적 접근 지역'에서 사역하는 많은 선교사들이 신변의 위협과 살해의 위험에 노출되어 있다. 바울을 위해 기도했던 초대교회의 성도들처럼 현대를 살아가는 우리도 선교사들의 안전을 위해 기도해야 한다.

촛대를 옮기시기 전에

선교 사역은 주님의 최고 관심사이다. 승천 후 주님이 이 땅에 다시 오셔서 가장 먼저 하신 일이 바로 전도와 선교였다. 오순절 성령으로 다시 오신 주님은 제자들에게 능력을 부어 주셔서 복음을 효과적으로 전파하도록 역사하셨다. 예수님께서 공생애를 시작하며 처음으로 선포하신 말씀과 부활 후 마지막으로 선포하신 말씀은 모두 하나님 나라에 관한 것이었다.

요한계시록은 완성된 하나님 나라의 모습을 이렇게 기록한다.

> [9]이 일 후에 내가 보니 각 나라와 족속과 백성과 방언에서 아무도 능히 셀 수 없는 큰 무리가 나와 흰 옷을 입고 손에 종려 가지를 들고 보좌 앞과 어린 양 앞에 서서 [10]큰 소리로 외쳐 이르되

구원하심이 보좌에 앉으신 우리 하나님과 어린 양에게 있도다 하니 [11]모든 천사가 보좌와 장로들과 네 생물의 주위에 서 있다가 보좌 앞에 엎드려 얼굴을 대고 하나님께 경배하여 [12]이르되 아멘 찬송과 영광과 지혜와 감사와 존귀와 권능과 힘이 우리 하나님께 세세토록 있을지어다 아멘 하더라(계 7:9-12)

"능히 셀 수 없는 큰 무리" 속에는 우리의 헌신과 수고를 통하여 변화받은 수많은 영적 열매들도 함께 섞여 있을 것이다. 이는 선교의 열매가 얼마나 영광스러운 것인가를 잘 묘사한다. 더는 사망과 애통과 질병이 존재하지 않는 나라에서 우리가 그들과 함께 영원히 살 것이다.

[24]만국이 그 빛 가운데로 다니고 땅의 왕들이 자기 영광을 가지고 그리로 들어가리라 [25]낮에 성문들을 도무지 닫지 아니하리니 거기에는 밤이 없음이라 [26]사람들이 만국의 영광과 존귀를 가지고 그리로 들어가겠고(계 21:24-26)

요한계시록에 등장하는 일곱 교회는 이미 사라져 더 이상 존재하지 않는다. 주님의 경고에 귀 기울이지 않았던 교회들의 결말이 어떤 것인가는 역사가 이미 증명해 주었다. 지금도 주님은 한국 교회를 향하여 경고의 메시지를 보내시는 중인지 모른다. 그러므로 우리가 지속적으로 주님의 선교 명령에 순종하지 않으면, 그분이 '촛대'를 다른 곳으로 옮기실지 모른다는 위기감을 갖고 영적 긴장을 늦춰서는 안 될 것이다. 주님이 우리를 택하셔서 그분의 백성으로 삼고 왕 같은 제사장으로 삼으신 이유

는 하나님이 누구시며, 하나님의 구속의 비밀과 덕의
어떠함을 만방에 선포하게 하려 하심이다(벧전 2:9). 아
무쪼록 한국 교회가 버림받지 않고 주님이 다시 오시
는 날까지 세계 복음화의 과업을 위해 귀히 쓰임받길
바란다.

01

신약성경 전체 내용에 관한 새로운 인식과 관점의 변화가 있습니까?

02

예수 그리스도가 하늘과 땅의 모든 권세를 가진 분이라는 사실을 믿는다면
나는 어디까지 어떻게 순종할 수 있을까요?

03

성령 세례를 받은 경험이 있습니까? 있다면, 그 이전과 이후의 삶의 변화를
나누어 봅시다. 특히 자아와 생각을 내려놓은 경험이 있다면 함께 나누어 봅
시다.

04

성도 간의 사랑의 교제가 어떻게 전도와 선교를 향한 마음으로 연결될 수 있을까요?

05

바울처럼 하나님께서 맡기신 특별한 소명이 있습니까? 그리고 그 소명에 순종하고 있습니까?

06

요한계시록에 나오는 일곱 교회 중 다섯 교회가 주님의 책망을 받았습니다. 주님이 우리 촛대를 옮겨지지 않으시도록 하기 위해, 그리고 주님 앞에 섰을 때 책망 받지 않기 위해서 우리가 변화되어야 할 부분에 대해 나누어 봅시다.

04

열방에
하나님 나라를
수놓다

이현모

어떤 사람에게 역사라는 학문은 사건, 연대, 인명을 지루하게 외워야 하는 암기 과목으로, 또는 학창시절에 단지 시험을 치르기 위해서 배우는 과목쯤으로 인식될지 모른다. 그래서 선교 역사도 선교 훈련 과정 중에 의례적으로 통과해야 하는 지루한 단계로 생각할 수 있다. 그러나 선교 역사는 선교를 배우는 과정에서 가장 감동적인 부분이자 나를 부르시는 하나님의 음성을 발견할 수 있는 영역이다. 선교 역사를 배우는 이유는 크게 세 가지로 설명할 수 있다.

첫째, 개인의 신앙생활이 하나의 순례 여정인 것처럼, 교회의 순례 여정이 바로 선교 역사이다. 개인의 신앙 순례 여정에서 많은 것들을 배울 수 있듯이 교회의 순례 여정인 선교 역사에도 배울 것이 많다. 20세기 선교학자였던 레슬리 뉴비긴(Lesslie Newbigin)은 "기독교는 세계에서 유일하고 참된 보편적 종교이다. 오늘날의 세계 기독교는 지난 이천 년 동안의 위대한 선교적 확장의 열매이다. 이 확장은 인류 역사에서 가장 주목할 만한 사실 중 하나이다. 그러나 이 확장의 이야기가 너무나 알려져 있지 않다는 것은 신기한 일이다"[1] 라고 지적했다. 우리는 선교 역사를 배우면서 이 길에 동참해야 하겠다는 도전을 받아야 한다.

둘째, 선교 역사는 인간을 도구로 사용하시는 하나님의 사역을 기록해 놓은 것이다. 이 역사의 흐름에는 하나님께서 이끄시는 연속성이 있다. 선교 운동은 이 건강한 연속성을 발견하고 그에 참여하는 것이다. 이를 위해 선교 역사를 배워야 한다.

셋째, 이 시대 선교 현장에서 경험하게 되는 모든 어려움과 도전들이

---

1 Ruth A. Tucker 《From Jerusalem to Irian Jaya》(Zondervan Publishing House, 1983), 15.

선교 역사 안에 이미 다 포함되어 있다. 해 아래 새것이 없다는 전도서의 말씀처럼 지금 경험하는 모든 어려움들은 이미 누군가 경험하고 극복한 일들이다. 선교 역사가 이것을 가르쳐 준다. 그렇기 때문에 선교사들이나 선교사 후보생들에게 개인적으로 공부할 틈이 나면 무엇보다도 선교 역사책들을 많이 보라고 권하고 싶다. 또 오늘날 믿지 않는 이들로부터 기독교와 교회에 대한 뿌리 깊은 부정적 태도들을 만나게 되는데, 그 원인을 선교 역사 가운데서 제대로 배워야만 동일한 실수나 실패를 피할 수 있음도 기억해야 한다.

초대교회, 놀라운 복음의 확산

초대교회 시대는 주후 33~300년까지를 말한다. 이 시기에는 아직 교리가 체계화되지 않았고, 교회는 많은 핍박을 당했다. 초대교회 시대에는 로마의 폭정과 이교들의 득세, 거친 문화적 환경, 다신교 사상 등으로 복음을 전하기가 매우 어려운 상황이었다. 그러나 역설적으로 이 시기에 복음은 교회 역사상 가장 왕성하게 전파되었다. 기독교에 대한 핍박이 멈춘 4세기 초에 기독교는 지중해 연안의 모든 지역과 심지어 영국(당시 브리튼 섬)에까지 전파되어 있었다. 고난 가운데 이 놀라운 복음의 확산이 이루어지도록 토대를 마련한 선교적 특징들은 무엇일까.

첫째, 평신도의 자발적인 선교가 움직임을 주도했다. 당시 교회에는 지금과 같은 조직적 선교 활동이 없었다. 교회가 누구에게 어디로 가라고 정해서 파송하는 일도 없었다. 모든 선교는 성도들의 자발적인 활동으로 이루어졌다. 이로부터 선교란 누군가 정해 준 프로그램에 의한 것이 아니라, 성도들의 자발적인 활동으로 이루어져야 함을 배울 수 있다. 이것은 선교에 있어 중요한 교훈이다.

둘째, 무명의 선교사들 중심의 활동이었다. 선교가 성도들의 자발적인 활동으로 이루어졌기에 선교사라고 따로 이름 붙여진 사람들이 별로 없었다. 다만 여러 지역으로 이동하던 군인들, 상인들, 심지어 노예들이 자신이 가는 곳마다 복음을 증거하며 선교 활동을 이루어 갔을 따름이다. 바로 이 점이 초대교회 시대에 복음이 빠르게 전파된 주요 원인이었다. 오늘날에는 선교를 특별한 목회자들만의 사역이라고 생각하는 경우가 많다. 그러나 선교란 오히려 모든 성도가 자신에게 주어진 기회를 잘 활용해야 하는 사역이다. 실제로 선교 현장에서 목회자 출신의 선교사들보다 잘 준비된 평신도 선교사들이 더 귀하게 쓰임받는 경우가 적지 않다.

셋째, 교리 대신 사랑과 행함으로 전파되었다. 이 시기는 그리스도의 신인양성론(神人兩性論)이나 삼위일체론과 같은 교리들이 확립되기 전이었다. 여러 면에서 전도가 쉽지 않은 상황이었지만, 사람들은 그리스도인들의 변화된 삶을 보고 이들이 전하는 복음을 받아들였다. 그리스도인의 사랑과 행함이 전도의 주된 힘이었던 것이다. 그래서 이때 많은 신앙인들의 위대한 간증이 등장하기도 했다. 서머나 교회의 감독이었던 86세의 폴리캅(Polycap)은 교회를 핍박하던 총독으로부터 예수를 부인하면 살려 주겠다는 회유를 받았지만 조금도 망설이지 않고 "지난 80여 년 동안 주님이 나를 부인하신 적이 없는데 내가 어떻게 주님을 부인할 수 있는가"라면서 스스로 화형당하는 순교의 길을 택했다. 이런 위대한 삶의 증거가 당대를 이끄는 선교의 원동력이 되었다. 선교사의 삶에서 가장 강력한 것은 교리가 아니라 사랑과 변화된 행함의 증거이다.

유럽, 선교의 발판을 만들다

콘스탄티누스 대제에 의해 기독교 핍박이 중단되고, 이어 기독교가 로마의 국교로 공표었다. 그러자 4세기의 100년 동안 기독교인의 수가 무려 네 배나 증가했다. 그러나 기독교의 국교화는 선교적 열정을 잃게 하는 부작용도 만들어 냈다. 참된 회심을 경험하지 않은 사람들이 국교라는 제도 때문에 교회 안으로 유입되자 많은 교리적 문제가 발생했던 것이다. 이에 교회는 성도들의 자발적 활동이던 선교를 특정한 사람들만이 행하는 성직 개념으로 제한했다. 이때부터 이름이 알려진 선교사들이 등장하게 된다.

5세기 이후 영국과 중부 유럽 복음화에 가장 중요한 역할을 한 것은 성 패트릭(St. Patrick)과 그로 인해 시작된 켈틱 교회의 선교 운동이었다. 어린 시절의 패트릭은 웨일즈 해변 마을에서 태어나 기독교 가정에서 자랐지만 주님을 개인적으로 만나지는 못했다. 12세가 되던 해에 아일랜드 해적들이 고향 마을을 습격하자 패트릭은 노예 신세가 되어 아일랜드에 잡혀갔다. 그 후 6년 동안 혹독한 노예 생활을 했지만, 이때 패트릭은 주님을 만나는 강력하고도 깊은 영적 체험을 한다. 6년 후 몰래 배를 타고 아일랜드를 탈출한 패트릭은 프랑스의 레닝 섬에 도착해 수도원에서 18년 동안 수도사로서 훈련을 받았다. 그리고 마침내 고향인 웨일즈로 돌아와 친척들과 재회하게 된다.

고난의 기간이 끝나고 모든 것이 정상으로 회복된 듯했지만, 패트릭의 마음에는 묘한 부담감이 자리하기 시작했다. 그것은 자기를 노예 삼아 학대하던 아일랜드 사람들에 대한 영적 부담감이었다. 그러던 어느 날, 환상 중에 그는 자기를 노예 삼았던 한 아일랜드인의 익숙한 목소리를 듣게 되었다.

"젊은이여, 이리로 와서 이전처럼 우리와 함께 지냅시다."

이 소리는 바울에게 들려왔던 마케도니아의 부름과 같이 패트릭의 마음을 결정적으로 움직였다. 마침내 패트릭은 432년, 그의 나이 43세 되던 해에 다시 아일랜드로 돌아가서 죽을 때까지 35년 동안 아일랜드의 복음화를 위해 헌신했다. 때때로 이교도들인 드루이드교 지도자들이나 군인들로부터 생명의 위협을 받기도 했지만, 그는 아일랜드인의 회심을 위하여 온 힘을 다해 헌신했다.

그 열매는 놀라웠다. 패트릭이 아일랜드로 들어갈 때 그곳엔 알려진 신자나 교회가 없었지만, 그가 죽음을 맞이하던 때 아일랜드에는 신자 아닌 사람이 거의 없다고 할 정도였다. 오늘날 패트릭은 아일랜드의 수호신으로 불린다. 또한 패트릭의 사역으로 세워진 아일랜드의 켈틱 교회는 그 정신을 이어받아 위대한 선교사 파송의 모델을 보여 주었다.

켈틱 교회는 수도원 형태의 신앙을 유지했다. 수도사들은 엄한 훈련을 받았다. 훈련 과정에는 말씀 암송과 기도, 사랑의 섬김, 자연을 통한 하나님 경배, 그리고 순례의 전통과 순교의 준비 등이 포함됐다. 이 과정은 좋은 선교사 훈련의 기회가 되었다.

켈틱 수도사들은 페레그리나티오(peregrinatio)라는 전통을 가지고 있었다. 우리말로는 '그리스도를 위한 순례의 길'이라고 할 수 있다. 전통적인 수도사들은 자신들이 속한 수도원에 머무는 것을 좋은 수련 방식으로 보았지만, 켈틱 수도사들은 어느 정도 훈련이 되면 더 어려운 외지를 향해서 순례의 길을 떠나는 것을 전통으로 삼았다. 아일랜드 사람들에게 고향을 떠나 타 지역으로 귀양 가는 것은 최고의 형벌이었다. 반면 순례자들은 이 최고의 형벌을 자발적으로 받아들이며 이를 속죄 행위로 간주했다. 초기에 페레그리나티오는 순례자들의 고행 과정으로 시작되었지만, 이것이 점차 선교의 한 형태로 발전하면서 이 외방 순례자(peregrine)들에 의해 영국과 중부 유럽 대부분이 기독교화 되기에 이른다.

당시 순례자들은 길을 떠날 때 하나님을 위해 세 가지를 포기하겠다고 서약했다. 첫째는 자신의 고향, 둘째는 사랑하는 가족과 친척들, 마지막으로는 자신의 평안한 미래를 내려놓았다. 그렇게 맨몸이 된 이들은 기독교 신앙이 없는 거친 외지로 나가서 사랑을 베풀고 복음을 전파했다. 그리고 이런 운동이 지속될 수 있도록 가는 곳마다 켈틱 수도원을 세웠다.

이 수도원에서 훈련받은 수도사들이 다시 순례를 떠나서 이러한 형태의 선교 운동을 반복했다. 이것이 훗날 영국과 중부 유럽 대륙을 복음화한 위대한 선교 운동의 첫 발걸음이었다. 켈틱 선교 운동의 열매로 나온 선교사로는 스코틀랜드를 기독교화한 콜롬바(Columba), 영국 중부 노덤브리아의 아이단(Aidan), 유럽 대륙으로 건너가서 위대한 순례자의 삶을 살았던 콜롬반(Columban), 프리지안(지금의 네델란드와 벨기에)을 기독교화한 월프리드(Wilfrid), 위대한 독일의 사도가 된 보니페이스(Boniface) 등이 있다. 한마디로, 성 패트릭과 켈틱 교회의 선교 운동은 유럽의 운명을 변화시켰던 것이다.

그러나 이후 점차 교회가 타락의 길을 걷게 되자 선교적 열정도 식어 갔다. 러시아 지역으로 동방정교회가 들어가고 북유럽이 기독교화 되었지만, 이는 선교적 열정에 의한 열매라기보다는 어떤 면에서 정치적 타협의 결과였다.

중세 유럽, 십자군 전쟁과 무슬림의 학살

중세 시대의 세계사에서 가장 두드러진 현상은 아라비아 반도에서 시작된 이슬람의 폭발적인 확장이었다. 무함마드(Muhammad)에 의해 아라비아 반도의 메카와

메디나에서 시작된 이슬람 세력은 그가 죽은 후 100년 만에 반도 전체는 물론 페르시아로부터 비잔틴 제국의 일부, 시리아, 예루살렘, 이집트, 북아프리카, 스페인에 이르는 영토를 점령하며 놀라운 세력권의 확장을 달성했다. 이슬람은 지중해 남부에 형성되었던 핵심 기독교 지역들을 모두 점령했고, 그 결과 유럽을 중심으로 한 기독교권을 외곽에서 포위한 형세가 되었다.

이 때문에 기독교는 유럽에 고립되었고, 다른 대륙에 대한 적극적인 선교는 거의 이루어지지 않았다. 점령된 지역의 그리스도인들은 개종하거나 혹은 인두세를 포함한 사회적 불이익을 당하면서 신앙을 지켜 내야 했다. 한편 12~13세기에 일어난 이슬람의 두 번째 확장은 비잔틴 제국의 대부분과 중앙아시아, 인도 지역에까지 이슬람 세력을 넓히는 계기가 되었다.

이슬람의 확장에 대한 기독교의 대응은 십자군 전쟁의 형태로 나타났다. 1095년에서 1272년 사이에 일곱 번의 원정으로 이루어진 십자군 전쟁은 기독교 역사에서 대단히 부끄러운 전쟁이었고, 동시에 선교의 측면에서도 오히려 커다란 장애를 남기게 되었다. 성지 회복이라는 명분을 내세웠지만 이는 선동의 명분이었을 뿐이다.

무엇보다 이 전쟁은 기독교인에 대한 잔인한 인상을 무슬림들에게 각인시켜 놓았다. 1099년 예루살렘 성을 수복할 때 십자군은 천 명에 달하는 무슬림 수비대뿐 아니라 그 지역의 7만 명에 달하는 무슬림들을 모두 학살했다. 성내의 유대인들도 회당에 감금하고 산 채로 불태워 죽였다. 당시 성전 터에는 말의 무릎에 차오르도록 피가 고였다고 하는데, 십자군들은 그 피 웅덩이 속에서 무릎을 꿇고 하나님께 승전에 대한 감사기도를 드렸다. 이후로 무슬림들에게 기독교는 피의 종교, 잔인한 복수의 종교로 인식되었는데, 이 점은 오늘날까지도 이슬람 선교의 커다란 장벽이 되고 있다.

교회의 제도화 및 부패, 이슬람의 발흥과 십자군 전쟁의 상처 그리고 이어진 칭기즈칸 군대의 침입 등으로 중세 후반부는 극심한 혼란기를 맞았으며, 선교 활동은 소극적으로 변했다. 그러나 신대륙 발견과 함께 새로운 선교의 시기가 열리게 된다.

선교의 전성기를 맞다

1517년 종교개혁 운동이 일어나자 유럽 대륙에서 로마 가톨릭교회는 치명타를 맞은 셈이었다. 그러나 로마 가톨릭교회는 이때부터 신대륙 선교를 시작해서 유럽에서 잃은 것의 수십 배에 이르는 새로운 교회와 신자들을 얻으면서 300년 동안의 전성기를 누리게 된다.

로마 가톨릭교회의 신대륙 선교 운동의 중심에는 수도원들의 적극적인 선교 참여가 있었다. 그중에서도 신대륙 선교에 가장 큰 공헌을 이룬 것은 이그나티우스 로욜라(Ignatius Loyola)가 창립한 '예수회'였다. 로욜라는 마틴 루터(Martin Luther)와 동시대 사람이다. 마틴 루터가 로마 가톨릭에 반대해서 종교 개혁을 일으켰던 반면, 로욜라는 부패한 중세의 가톨릭을 개혁시키고 선교로 회복시킨 인물이었다.

예수회를 포함한 수도원들은 세 가지 수도사의 서약을 철저히 지킨 것으로 유명하다. 첫째는 청빈으로, 사유재산을 가지지 않기로 서약하는 것이었다. 둘째는 순결로서, 가족을 떠날 뿐 아니라 독신을 서약하는 것이었다. 마지막 세 번째는 순종으로, 교권에 절대적인 복종을 맹세하는 것이었다. 이 세 가지 서약은 부패한 로마 가톨릭교회를 개혁시켰을 뿐 아니라 새로운 시대에 어려운 개척지로 파송되는 선교사의 삶을 가능케 한 핵심 요인이기도 했다.

오늘날 개신 교회는 수도원 제도와 독신 제도 등에 반대하는데, 그 이유는 이러한 제도들을 현실로부터 도피하는 신앙생활로 간주하기 때문이다. 그러나 이것은 선교에 있어서 매우 중요한 요소이다. 선교에 헌신하는 동안 돈에 욕심 부리지 않고, 자신의 일에 얽매이지 않으며, 하나님의 뜻에 절대적으로 순종하는 자세 없이는 올바른 선교가 이루어지지 않는다. 이는 "내가 밤낮 간구하는 가운데 쉬지 않고 너를 생각하여 청결한 양심으로 조상적부터 섬겨 오는 하나님께 감사하고 네 눈물을 생각하여 너 보기를 원함은 내 기쁨이 가득하게 하려 함이니"(딤후 2:3-4)라고 말한 바울의 권면과도 상통한다.

특히 예수회는 당시 유럽인들의 자문화우월주의적 태도를 버리고 선교지 문화에 겸손하게 접근한 것으로 유명하다. 현지인들의 문화와 사회 구조를 인정해 주고 그들을 인격적인 존재로서 존중하는 태도가 현지인들의 마음을 열게 했다. 남미의 이과수폭포 근처에 살던 과라니 부족의 선교 실화를 바탕으로 만든 영화 〈미션〉 속 인물들이 바로 예수회 선교사들이다. 예수회 출신의 이름난 선교사들로는 일본 선교의 문을 연 프란시스코 하비에르(Francisco Xavier), 중국의 마테오 리치(Matteo Ricci), 인도의 로베르토 데 노빌리(Roberto de Nobili), 남미의 바르톨로메 데 라스 카사스(Bartolome de Las Casas) 등이 있다.

프란시스코 하비에르는 예수회에서 가장 유명한 선교사로 손꼽을 수 있을 것이다. 로욜라의 동료로서 불타는 선교 소명으로 가득했던 하비에르는 마침내 인도로 파송되었다. 놀라운 선교의 열매를 맺어 가던 하비에르는 말라카에서 낯선 동양인 한 사람을 만나게 되었는데, 그가 바로 안지로(安次郎)라는 이름의 일본인이었다.

당시 일본은 서구사회에 잘 알려지지 않은 미지의 나라였고, 하비에르의 마음에는 즉시 일본에도 복음을 전해야 한다는 뜨거운 사명이 일어났다. 많은 역경을 이기고 마침내 2년 후, 하비에르는 안지로를 통역관으로 하여 함께 일본 가고시마에 도착했다. 예상치 못한 추위와 안지로의 엉터리 통역 때문에 고생했지만, 바로 이때의 일본은 복음을 간절히 필요로 하던 혼란의 시기였다. 일본에 머물던 27개월 동안 그는 100여 명을 전도했고, 일본이 기독교에 문을 열도록 최선을 다했다. 하비에르의 열렬한 보고서는 예수회 선교사들의 마음에 불을 붙였으며, 이어서 많은 예수회 선교사들이 일본에 들어가 놀라운 선교의 열매들을 맺었다.

하비에르는 1552년에 마지막으로 중국을 향한 선교

여정을 시작했다. 그는 만약 중국이 기독교화 된다면 동아시아 전역이 기독교화 될 것이라고 믿었다. 그러나 그의 생은 그리 길지 않아서, 광동성 앞의 상천도라는 섬에서 중국으로의 입국 기회를 기다리다가 죽음을 맞고 말았다.

다만 하나님은 하비에르의 중국을 향한 선교 열망을 외면하지 않으셨다. 하비에르가 세상을 떠난 1552년에 유럽에서 한 사람이 태어나 예수회 선교사가 되어 광동성의 마카오에 도착해서는 마침내 중국 선교를 시작했던 것이다. 그가 바로 마테오 리치였다. 마카오에서 북경까지 입국하는 데만도 자그마치 20년을 보내야 했지만, 이 기간에 마테오 리치는 중국어와 중국 문화를 배웠다. 그 덕분에 중국인들이 하늘을 숭배한다는 점을 알게 된 마테오 리치는 하나님을 하늘의 주인 곧 '천주'(天主)라고 소개했다 이것이 중국인들에게는 기독교를 수용하게 되는 좋은 접촉점이 되었다. 마테오 리치가 죽고 약 40년이 지났을 때, 중국에는 총 25만 명가량의 천주교 신자가 생겨났다.

로마 가톨릭교회의 선교 활동은 18세기에 들어서면서 교회 내 정치적 갈등으로 점차 기울어지게 되었다. 그러다가 1773년에 교황 클레멘트 14세가 예수회 교단을 강제 해산하고 모든 예수회 선교사들을 강제 철수시키면서 가톨릭 선교의 전성기도 막을 내리게 된다.

모라비안, 생명을 투자하다

로마 가톨릭이 신대륙에서 놀라운 선교 전성기를 누리던 300년 동안 개신 교회는 이상할 정도로 선교에 침묵을 지켰다. 그러나 이 침묵의 시기에 개신교 신앙을 가진 모라비안들의 놀라운 선교 운동이 어둠 속에서 햇불처럼 타올랐다.

모라비안들은 17세기 내내 가톨릭교회의 반종교개혁 운동의 핍박을 받으며 보헤미아와 모라비아 땅을 방황했다. 이들이 독일 헤른후트라는 곳에 이르렀을 때, 그곳 영주였던 친첸도르프(Zinzendorf)가 이들의 신앙에 감명되어 그 땅에 정착하도록 했다. 이들은 이곳에서 모라비안 교회를 설립했고, 친첸도르프가 모라비안의 지도자로 추대되었다. 그는 경건주의 운동의 중심지인 할레 대학을 설립했던 프랑케(Franke)의 제자였다.

1730년에 코펜하겐에서 서인도제도 출신의 흑인과 그린랜드 출신의 에스키모인들로부터 선교사를 보내 달라는 요청을 받은 치첸도르프는 깊은 도전을 받았다. 그는 이때부터 자신의 생애와 가진 모든 것을 세계 선교에 투자하기로 마음먹었다. 모라비안들도 즉시 이 요청에 열정적으로 호응하고 헌신했다. 모라비안들은 비록 교육 받지 못한 사람들이었지만, "주님이 부르시는 곳이면 어디서든지 그분을 위해 섬겨라"라는 슬로건을 앞세우고 전 세계 어느 곳이든 흩어져 선교를 위해 자신의 모든 것을 바쳤다. 모라비안들은 특히 서구인들이 접근하기에 환경적으로 열악한 지역으로 들어가서 모든 생애를 헌신하여 사역했다. 모라비안 선교사들 중 가장 유명한 인물 중 하나인 다비드 자이스베르거(David Zeisberger)는 62년을 거친 현지인들 가운데서 사역하며 섬겼다.

1732년에 토기장이였던 레온하르드 도버(Leonard Dover)와 목수였던 다비드 니츠만(David Nitschmann)이 최초의 선교사로서 서인도 제도의 세인트 토마스 섬에 도착했다. 곧이어 1733년에는 그린란드에, 1734년에는 미국 인디언들에게, 1735년에는 수리남, 1736년에는 남아프리카, 1737년에는 북구권의 에스키모족에게, 1740년에는 스리랑카, 1742년에는 중국, 1747년에는 페르시아, 1752년에는 아비시니아와 라브라도르에 선교사들이 들어가게 되었다. 첫 선교사를 보낸 이후 150년 동안 모라비안 교회는 총 2,158명의 선교사들을 파송했다. 이는 해당 시기 전체 모라비안 교인의 12분의 1에 해당하는 숫자였다.

선교사들은 선교지로 나갈 때 스스로 여비를 마련해 갔으며, 목적지에 도착하면 자신의 힘으로 가족을 부양해야 했다. 모라비안 선교사들은 아내와 자녀들과 함께 지내면서 그들이 택한 땅에서 뼈를 묻기까지 살며 사역했다. 그들은 선교 사명이 공동체의 '공동 과제'임을 절실히 인식했다. 그래서 대부분의 모라비안들은 결혼하여 가정을 이루고 자녀를 낳은 다음에야 선교지로 떠날 준비를 시작하곤 했다. 이들의 구령의 열정과 경건함이 세상을 바꾸었다.

근대 개신교 선교의 아버지, 윌리엄 캐리

본격적으로 개신 교회가 선교에 눈뜨게 된 것은 17세기 말 윌리엄 캐리(William Carey)에 의해서였다. 그는 1761년 영국의 노스햄턴에서 태어났다. 14세에 구두 견습공으로 일하면서 돈을 벌었고, 18세에 회심했으며 26세 때 몰턴 침례교회에서 안수를 받아 목사가 되었다.

캐리를 근대 개신교 선교의 아버지라고 부르는 까닭은 당시 개신 교회가 지녔던 선교의 장애 요소들을 상당 부분 해소해 주었으며 교회들에는 선교적 열정을 일깨워 주는 선구자 역할을 했기 때문이다. 1792년 노팅햄의 침례교교역자연합회에서 그는 이사야 54장 2-3절을 가지고 유명한 설교를 했다. "하나님으로부터 큰일을 기대하고 하나님을 위해서 큰일을 시도하라"(Expect great things from God and attempt great things for God)는 제목의 이 설교는 청중을 감동시켰고, 선교사 파송을 위한 선교회가 개신 교회에서 처음으로 구성되기에 이르렀다.

마침내 1792년, 선교회에서는 캐리를 인도 선교사로 파송하기로 결정했지만 그가 넘어야 하는 난관들은 적지 않았다. 우선, 아내 도로시가 인도 선교에 동행하기를 거절했다. 당시 유럽인들에게 인도는 죽음의 땅처럼 인식되었다. 더구나 도로시는 해산할 즈음이었다. 결국 캐리는 장남만 데리고 선교지로 떠날 각오를 했지만, 출발이 지연되는 과정에서 도로시가 마음을 돌이켜 네 자녀를 모두 데리고 함께 떠나게 되었다.

그러나 도로시는 끝까지 낯선 선교지에 적응하지 못

했다. 아들 피터가 죽자 도로시는 정신착란증에 걸리고 말았는데, 열악한 인도의 정신병원에서 병이 악화되면서 결국 죽음을 맞이했다.

이밖에도 캐리의 가족 모두가 인도에서 생명을 바쳤다. 캐리 역시 영국을 떠난 이후로 한 번도 고국에 가지 않은 채 40년의 사역을 마치고 인도에서 사망했다. 캐리의 가족들은 모두 세람포어에 있는 가족 묘지에 묻혔다. 사역은 힘들었고 모국 교회의 오해를 받기도 하는 등 캐리 선교사 가족은 많은 어려움을 겪어야 했다. 더욱이 선교의 열매가 금방 눈에 보이지도 않았다. 그러나 캐리는 그 모든 고난 가운데 자신의 선교적 열정을 다했다. 그 결과 유럽과 미국의 교회들이 비로소 선교 사명을 깨우치게 되었다. 많은 젊은이가 선교에 헌신했고, 이때부터 선교사들이 물밀듯이 선교지를 향해 떠나갔다. 유럽에서 아프리카로 향하는 배에 선교사를 태우지 않고 떠나는 일이 드물다고 말할 만큼 실로 놀라운 부흥이 일어났다.

미국, 선교의 불을 지피다

미국에서는 유럽보다 조금 늦게 선교 활동이 시작되었다. 미국 교회의 헌신에 불을 지핀 것은 유명한 두 개의 선교 운동이었다.

건초더미 기도 모임

1806년 미국의 매사추세츠 주에 있는 윌리엄스 대학에 사무엘 밀즈(Samuel Mills)라는 젊은이가 입학했다. 밀즈는 기도의 사람이었다. 학교생활을 하면서 그는 정기적인 기도 모임을 가졌고, 점차 함께 기도하는 사람들이 늘어나자 일주일 중 하루를 산(山)기도의 날로 정하고 기도 모임을 인도했다. 이 기도 모임에서는 여러 나라를 위해서 기도했는데, 특히 윌리엄 캐리의 책을 읽으면서 선교 도전을 받던 중이었다.

그러던 어느 날 기도를 하고 산을 내려오던 일행은 소낙비를 만나게 되었다. 이들은 근처 들판에 있던 건초더미에서 비를 피했는데, 이때 밀즈가 계속 기도하자는 제안을 냈다. 바로 이 기도 시간에 성령께서 젊은 이들의 마음을 움직였다. "우리가 하려고 한다면 이 일도 할 수 있다"라는 기도를 드리면서 구체적인 선교의 헌신이 일어났던 것이다. 이들은 학교로 돌아가서 동료들과 더불어 선교에 대한 도전을 공유했고, 이 운동은 즉시 여러 학교로 파급되었다. 젊은이들 중 일부는 앤도버 신학교에 입학하여 미국 최초의 선교사가 되었다. 이 운동을 '건초더미 기도 운동'(Haystack Prayer Movement)이라고 부른다. 매사추세츠 주의 윌리엄스 대학에 세워진 기념비에는 "미국의 선교가 이곳에서 시작되었다"라는 문장이 새겨져 있다.

학생 자원 선교 운동

1880년대에 로버트 와일더(Robert Wilder)라는 학생이 프린스턴 대학에 입학했다. 와일더의 아버지는 중국 선교에 헌신했지만 건강 문제로 중도 귀국했다. 와

일더는 선교에 대한 뜨거운 열정을 품고 대학생활을 시작했다. 그의 선교 열정이 열매를 맺은 것은 1886년 매사추세츠 주의 헐몬 산에서 열린 대학생 수련회에서였다. 그가 수련회에 참석하러 갈 때 그는 누나로부터 "이번 수련회에서 하나님이 100명의 동역자를 주실 것이다"라는 예언을 받았다. 당시 수련회 강사는 유명한 부흥사였던 드와이트 무디(Dwight Moody) 목사와 아더 피어슨(Arthur Pierson) 박사였다. 특히 피어슨 박사가 전했던 선교에 대한 도전이 젊은이들에게 큰 충격을 주었다. 수련회에서 하나님께 헌신하는 학생들이 하나둘씩 나타나기 시작하자 와일더는 소위 '프린스턴 서약'이라는 것을 만들었는데, 그것은 "하나님께서 원하신다면 내 생애를 바쳐 해외 선교사로서 헌신하겠습니다"라는 내용이었다. 이 수련회에서 기적적으로 100명의 학생이 프린스턴 서약에 서명하게 된다. 총 참석자 251명 가운데 100명이나 선교사 헌신을 서약한 것은 실로 기적이라 할 만하다.

서약한 젊은이들은 각자 학교로 돌아가 캠퍼스에서 동일한 선교 도전을 이어갔다. 이로 인해 '학생 자원 선교 운동'(SVM, Student Volunteer Movement)이 탄생했다. 이 운동은 이후 미국의 경건한 대학들을 휩쓸다시피 했다. 1888년부터 공식적으로 이 운동이 시작되었는데, 이후 50년 동안 10만 명의 대학생들이 프린스턴 서약에 서명했다. 그리고 이중 2만 명이 실제 선교사로서 고국을 떠났다. 100여 년 전 미국 대학생의 숫자가 현재의 1/37에 불과했음을 감안하면 10만 명의 헌신이란 실로 엄청난 일이었다.

이들을 통해 비로소 지구상의 구석구석에 복음이 전파되고 교회가 설립되었다. 떠나지 못한 8만 명의 헌신자들을 통해서도 미국 교회 내에 선교를 위한 든든한 헌신의 기초가 만들어졌고 평신도 선교 운동이 첫발을 내딛었다. 한국에 왔던 미국 선교사들 가운데 여러 사람도 이 학생 자원 선교 운동의 헌신자들이었다. 제임스 게일(James Gale)이 최초의 이 운동 출신 선교사였고 마포삼열(Samuel Moffet), 그레이엄 리(Graham Lee), 윌리엄 스왈른(William Swallen) 역시 모두 이 운동의 열매로 한국에 온 선교사들이었다.

국가 단위에서 종족 단위 선교로

20세기 초가 되면서 선교 운동의 방향을 바꾸는 일이 일어났다. 막연히 선교의 기본 단위를 국가라고 생각해 왔던 데서 변화가 발생한 것이다.

카메론 타운젠트(Cameron Townsend)는 오늘날의 '위클리프성경번역선교회'(WBT)와 '하계언어학교'(SIL)의 창시자이다. 타운젠트는 비록 한국 교회에 잘 알려지지 않았지만, 빌리 그레이엄(Billy Graham)은 그를 "이 시대에 가장 위대한 선교사"라고 불렀으며 랠프 윈터(Ralph Winter)도 그를 윌리엄 캐리와 허드슨 테일러(Hudson Taylor)와 함께 "우리 시대에 가장 위대한 선교사 3인 중 한 명"으로 인정했다.[2]

---

2 "Death of William Cameron Townsend" 〈Bulletin of Wycliffe Bible〉 April, 1982.

타운젠트는 어린 시절부터 선교에 헌신했다. 대학생 시절에 그는 단기 선교사로서 과테말라에 성경 보급 사역을 위해 파송되었다. 그는 스페인어 성경을 싼 가격에 나누어 주는 일을 했는데, 원주민들 대부분이 전혀 관심을 보이지 않았다. 어느 날 한 원주민이 "당신의 하나님이 전능하신 분이시라면 왜 우리가 쓰는 토착어로 말씀하지는 못하지요?"라고 질문하자 타운젠트는 충격을 받고 현실을 깨닫게 되었다. 스페인어는 이들에게 마음의 언어가 아니었던 것이다.

타운젠트가 발견한 사실과 후에 맥가브란(McGavran)이 추가한 개념이 드러내는 것은 이 세상이 국가들의 집합체가 아니라 언어와 인종으로 구분된 종족 단위로 구성되었다는 사실이다. 당시에는 누구나 정치, 지리적으로 구분된 국가 단위의 선교를 당연시했었다. 이런 시절에 선교를 국가 단위가 아니라 언어인종학적 종족 단위로 바꾼다는 것은 혁명적인 발상이었다. 이전까지는 무의식적으로 지상위임명령의 '모든 족속'(ta ethne)이란 말을 모든 나라 즉 국가라고 생각하며 선교 사역을 행했고 전 세계 모든 나라에 선교사가 파송되어서 교회를 세우는 것을 목표로 삼았다. 그러나 사실 국가라는 개념은 인간들이 만든 인위적인 구성에 불과한 것이다. 실제로 오늘날에는 '모든 족속'을 언어인종학적인 종족으로 생각하는데, 이 개념의 변화를 불러일으킨 첫 사람이 바로 타운젠트였다.

타운젠트는 효과적으로 복음을 전하기 위해 모든 종족의 토착 언어로 성경을 번역하기 시작했다. 그는 '위클리프 캠프'라고 불리는 성경 번역 훈련을 위한 모임을 시작했는데, 이것이 오늘날의 하계언어학교와 세계에서 가장 커다란 선교 단체로 불리는 위클리프성경번역선교회로 발전하게 되었다. 한편 타운젠트의 영향력은 마침내 로잔 세계복음화대회에서 '미전도 종족 선교'라는 개념으로 발전하게 되었다. 지금은 미전도 종족 선교가 선교 전략의 중심을 차지하고 있다.

세계 복음화, 어디까지 왔나?

모든 교회는 세계 복음화의 완성을 위해 노력하고 있다. 그런데 우리가 간과하기 쉬운 문제가 한 가지 있다. '세계 복음화란 과연 무엇을 의미하는가'라는 점이다. 흔히 생각하듯이 이것은 전 세계 70억의 인류가 모두 예수님을 믿게 되는 상태를 의미하지는 않는다. 종말의 시대까지도 예수님을 거부하고 심판을 받는 사람이 적지 않다고 요한계시록에는 기록되어 있다. 그렇다면 모든 인류가 개인적으로 복음을 들을 기회를 가지게 하는 것이라고 생각할 것이다. 그러나 이것이 선교의 궁극적 목표일지언정, 이 역시 비현실적 목표이다. 그렇다면 세계 복음화란 무엇을 의미하는 것일까?

> 이 천국 복음이 모든 민족에게 증언되기 위하여 온 세상에 전파되리니 그제야 끝이 오리라(마 24:14)

성경을 살펴보면 세계 복음화와 연관된 구절들이 전

세계의 모든 개인을 다 구원시키라는 명령은 아니라는 사실을 발견하게
된다. 이보다는 오히려 집단을 의미하는 단어들(종족, 민족, 나라, 열방, 백성 등)
이 사용되었다. 이를 근거로 오늘날은 세계 복음화를 "세상의 모든 종족들
이 종족 단위로 충분히 복음을 들은 상태"를 이루는 것으로 본다. 좀 더 구
체적으로는 "각 종족 안에 2~5퍼센트의 그리스도인이 존재하고 자생할
수 있는 토착 교회가 존재하는 상태"를 복음을 들은 상태라고 정의한다.
물론 이는 전략적 정의일 뿐, 정확하게 마태복음 24장의 의미라고 확정할
수는 없다. 다만 이 전략적 정의를 사용해서 오늘날 세계 복음화가 어느 정
도 이루어졌는지 살필 수는 있을 것이다.

'여호수아 프로젝트'는 2014년 기준으로 전 세계에 1만 6,845개의 종
족이 존재한다고 보고했다. 이 가운데 복음을 들은 종족은 9,559개에 달
하지만 아직도 7,286개 종족이 복음을 듣지 못한 미전도 상태이다. 이들
을 '미전도 종족'(UPG, Unreached People Group)이라고 부른다. 미전도 종
족의 총 인구는 29억 천만 명 정도이다. 미전도 종족 중에서 아직 선교사
도 진입하지 않은 상태의 종족을 '미개입 미전도 종족'(UUPG, Unengaged
Unreached People Group)이라고 칭하는데, 현재 UUPG는 대략 3,400개 종
족이다. 이들 중 5만 명 이상의 인구를 가진 UUPG가 1,015개 종족이다.

마지막 주자를 기다린다

모든 미전도 종족을 전도된 종족으로 만드는 것이 오늘날 선교의 전략
적 목표이다. 전략의 1순위는 1,015개의 5만 명 이상 인구를 가진 UUPG
에 선교사를 모두 파송하는 것이다. 2순위는 모든 UUPG에 선교사를 배

치하여 UPG로 만드는 것이다. 3순위는 모든 UPG를 전도된 상태로 만드는 것이다. 한국 교회는 미전도 종족 선교의 중요한 동반자로서 오늘날 세계 선교에 참여하고 있다. 대부분의 한국 선교 단체들이 미전도 종족에게 선교사를 파송하는 것을 최우선의 전략으로 정하고 있다.

선교사들은 최근 '선교의 종료'(Closure of Mission)라는 용어를 사용한다. 이는 모든 미전도 종족이 복음을 들은 종족으로 변화되는 상황 혹은 시점을 가리킨다. 물론 이 말이 마태복음 24장의 '세상의 끝'을 의미하는 것은 아니다. 다만 전략적 의미의 종료라는 개념일 뿐이다. 현대 선교는 2030년까지 선교의 종료를 이룰 것을 목표로 삼고 매진하는 중이다.

이 모든 상황은 선교의 마지막 주자로서 우리의 헌신과 참여를 간절히 기다리고 있다. 선교 역사는 하나님이 사용하신 위대한 선교사들의 삶으로 가득 차 있고, 이 경주를 이어갈 다음 주자로서 우리를 부르고 있다. 선교 역사는 이어달리기와 같다. 누군가 자기의 구간을 전력을 다해 달리면 다음 사람이 그 바통을 이어받아서 다시 달리기를 시작해야 한다. 이제 이 경주에서 "내가 여기 있나이다, 나를 보내소서"(사 6:8)라는 이사야의 고백이 마땅히 우리의 고백, 한국 교회의 고백이 되어야 할 것이다.

01

새롭게 알게 된 세계 선교 역사에 관한 내용이 있습니까?

02

세계 선교 역사에서 가장 도전과 감동을 준 선교 단체 또는 선교사에 대해 나누어 봅시다. 그에게서 본받고 싶은 것은 무엇입니까?

03

십자군 전쟁이 이슬람 선교에 미친 부정적 영향이 적지 않습니다. 오늘날 성도나 교회의 모습 중에서 십자군 전쟁 당시의 교회의 모습과 비슷하다고 생각하는 부분이 있습니까?

04

선교를 위해 문맹을 퇴치하고, 교육하며, 보건 위생을 증진시키는 활동을 하는 것에 대해 어떻게 생각합니까?

05

세계 선교 역사 속에서 현대는 '선교의 종료'를 향해 달려가는 중입니다. 하나님께서 주도해 가시는 선교의 큰 그림 속에서 나의 사명은 무엇일지 생각해 봅시다.

05

그들을
가슴 뛰게 한 이름,
조선

이용남

우리는 오늘의 나를 존재하게 하는 중요한 사건들을 마음에 간직한 채 살아간다. 하나님과의 인격적 만남을 생생히 기억한다. 배우자에게 받았던 프러포즈를 또렷이 떠올릴 수도 있다. 친한 친구와의 안타까운 이별을 상기하는 사이, 아련한 첫사랑의 추억도 영화의 한 장면처럼 생생히 피어난다. 오늘의 나를 존재케 하는 역사적 사건들을 우리는 이처럼 소중히 품고 살아가는 것이다.

특별히 우리나라를 찾아왔던 초기 선교사들의 역사는 오늘 나를 그리스도인으로 존재할 수 있게 한 중요한 사건이다. 우리는 나보다 앞서 이 땅에서 기도하고, 땀 흘리며, 순교했던 선교사들의 이야기를 기억해야 한다.

두드림, 닫힌 조선의 문을 향하여(1832~1884)

1800년대까지 우리나라는 반만 년의 무속 신앙과 1400년간 이어져 온 불교 문화에 더하여 조선의 숭유정책으로 유교 문화가 깊게 뿌리내린 시대적 상황 속에 있었다. 특별히 19세기 말, 조선 후기에는 흥선대원군의 섭정(攝政)과 더욱 강화된 쇄국정책을 중심으로 중국과 일본 외의 나라와는 교역을 금하며 나라의 문을 굳게 걸어 잠갔다. 그러나 하나님께서는 이러한 시대 상황 가운데 무겁게 닫힌 조선의 문을 두드리셨다.

한 알의 밀알이 떨어지다: 토마스 선교사

로버트 토마스(Robert Thomas)는 1863년, 영국 선교회 파송 하에 중국 선교사로 입국했다. 하지만 갓 결혼한 아내의 예기치 못한 죽음과 중국 선교의 어려움으로 선교사 직분을 내려놓기에 이르렀다. 그러던 중 토마스는 조선에 관한 하나의 정보를 듣게 되는데, '조선에는 기독교인이 없다'라는 소식이었다. 이것은 토마스를 움직이게 하시려는 하나님의 싸인이었을 것이다. 그리고 토마스는 이 싸인에 반응하여 조선을 가슴에 품고 쇄국정책으로 굳게 닫혀 있던 한반도의 문을 거침없이 두드렸다.

로버트 토마스(1840~1866)

1865년, 토마스는 작은 목선을 타고 조선의 황해도 연안에서 한문 성경을 전하면서 처음으로 조선인들을 만났다. 당시엔 큰 풍랑이 와서 곧 중국으로 돌아가야 했지만, 그는 조선을 가슴에 품은 채 차근차근 선교를 준비했다. 토마스는 박해를 피해 중국으로 건너온 조선 천주교인에게서 조선어를 배우던 중 미국 상선 제너럴셔먼 호의 통역관으로서 1866년, 조선에 재입국을 시도했다. 미국은 통상 요구를 거절하는 조선군과 대치했고, 결국 무력 충돌이 발생했다.

제너럴셔먼 호가 조선 관군에 의해서 불타 버리면서 승무원들은 대동강변으로 헤엄쳐 나와야 했다. 그러나 육지에 다다른 그들을 조선 관군이 기다리고 있었다. 이때 토마스도 한 병사에 의해서 스물일곱의 나이에 처형당하게 된다. 그러나 토마스는 죽음 앞에서도 담담했고, 마지막까지 기도하며 복음을 전했다. 자신에게 칼을 겨누었던 박춘권에게 마지막 성경책을 건네는 것으로써 자신의 사명을 다했던 것이다. 이것이 조선에 뿌려진 첫 번째 순교의 피였다. 그리고 이 피는 훗날 열매 맺을 복음의 씨앗이 되었다.

토마스는 자신의 사명이 무엇인지 잘 알았다. 고향 웨일즈로 보낸 그의 마지막 편지는 이렇게 끝난다.

> "아주 잔인하고 사악한 대학살(병인양요)이 최근 조선에서 일어났습니다. 그럼에도 누군가 조선에 들어가 선교의 문을 여는 것의 중요함을 깨달아 제가 조선에 들어가기로 결정했습니다."[1]

토마스의 순교는 한반도 서북 지역 교회의 초석을 마련했다. 당시 성경을 건네받은 소년 최치량은 장대현교회의 영수가 되었고, 관료였던 박영식은 예수를 믿은 후 자기 집을 예배 처소(널다리교회)로 삼았다. 또 토마스를 처형했던 박춘권은 회개하고 안주교회의 영수가 되었다.

> "내가 오늘 서양 사람을 죽였는데, 아무리 생각해도 이상한 점이 있다. 내가 그를 찌르려고 할 때에 그는 두 손을 마주잡고 무슨 말을 한 후에 책 한 권을 내밀며 받으라 권하였다. 결국 그를 죽이기는 했지만, 그 책을 받지 않을 수가 없어서 가지고 왔다."[2]

---

1 이용남 ≪복음에 미치다≫(두란노 2007), 93.
2 유해석 ≪토마스 목사전≫(생명의말씀사, 2006), 251.

27살의 젊은이였던 토마스의 순교는 한 알의 밀알이 되어 썩어졌으며 초기 한국 교회의 태동과 성장에 자양분이 되었다.

우리말 성서의 탄생: 맥킨타이어와 로스 그리고 이수정

존 로스(John Ross)는 1872년 8월, 존 맥킨타이어(John Macintyre)와 함께 선교를 위해 중국에 입국했다. 두 선교사는 선임으로부터 토마스의 순교 소식을 전해 들었고, 자신들도 조선의 백성을 위하여 삶을 드리기로 결단하고는 본격적으로 선교 전략을 수립했다. 하지만 조선 정부의 계속되는 쇄국 정책으로 직접적인 선교 활동은 할 수 없었다. 두 선교사는 조선 사람을 만날 수 없다면 그들의 언어로 성경을 번역하여 보급하자는 계획을 세우고 1874년 10월, 조선과 중국의 교역 장소였던 고려문을 방문했다. 그리고 그곳에서 평안북도 의주 출신의 상인 이응찬과 만나 그에게서 조선어를 배우기 시작했다.

로스는 1877년에 'Corean Primer'(한국어 교재)를 출간하고 곧이어 이응찬 외에도 백홍준, 김진기, 이성하, 서상륜 등과 함께 신약성경을 우리말로 번역하기 시작했다. 이들은 1879년에 신약 번역을 마무리했으며, 1882년의 '예수셩교 누가복음젼서' 간행을 시작으로 1887년에는 최초의 우리말 신약성서인 '예수셩교젼서'를 출간하기에 이른다.

아울러 선교사들과 함께 성경을 번역하던 이응찬, 백홍준, 김진기, 이성하는 1876년에 맥킨타이어에게 세례를 받으면서 우리나라 최초의 개신교 세례자가 되었다. 또 1882년에 세례를 받은 서상륜은 의주 지역에서 권서로 활동하다가 잡혀 투옥과 탈옥을 겪은 다음, 한국 교회사 최초로 경기도 지방에 복음을 전하는 사명을 감당했다. 이후 신변의 위험을 느낀 서상륜은 동생 서경조와 함께 황해도 장연군 송천리로 거처를 옮기고서 우리나라 최초의 신앙 공동체인 소래교회를 설립했는데, 훗날 서경조는 최초의 장로교 목사 7인 중 한 사람이 되었다(1907년).

한편, 온건 개화파 양반이던 이수정은 1882년 임오군란 당시 명성황후의 생명을 구한 공로를 인정받아 신사유람단 수행원의 자격으로 일본에 입국했다. 그는 근대적 농업 기술을 배우기 위한 목적에서 갔다가 그리스도인 농학자인 츠다센(津田仙)을 통해 한문 성경을 받고 그와 함께 성경을 공부하면서 그리스도를 영접했으며, 선교사 조지 낙스(George Knox)에게 1883년 4월 29일 부활절에 세례를 받았다.

이후 이수정은 세 가지 중요한 일을 해냈다. 첫째는 재일미국성서공회 총무인 헨리 루미스(Henry Loomis) 목사와 함께 성경을 한글로 번역한 것이다. 그들은 한문 성경에 우리말로 토를 단 '현토성서 4복음서'와 더불어 사도행전을 번역하여 '신약

이수정(1842~1896)

전서 마가복음 언해'라는 표제로 간행했다. 또 이수정은 조선으로의 입국을 준비하던 언더우드와 아펜젤러에게 한국어를 가르쳤으며, 두 선교사는 1885년 4월 5

일에 이수정이 번역한 '마가복음'을 들고 조선에 입국했다.

둘째로 이수정은 30여 명의 조선인 유학생들을 전도하여 신앙 공동체를 형성했고, 마지막으로는 미국으로 편지를 보내 조선 선교를 강력히 요청했다. 그의 외침을 담은 편지는 미국 선교 잡지에 소개되었고, 미국 교회가 한국 선교를 결정하는 데 큰 역할을 했다. 이를 통해 이수정은 '조선의 마게도냐인'이라는 별명을 얻었다.

이어 1882년 5월, 조미수호통상조약의 체결은 개신교 선교에 중요한 전환점이 되었다. 이듬해인 1883년엔 미국의 공사 루시어스 푸트(Lucius Foote)가 내한했고, 조선 정부는 민영익을 대표로 하는 견미사절단 '보빙사'(報聘使)를 미국에 보내게 된다. 이때 대륙횡단열차 안에서 보빙사 일행을 만난 존 가우처(John Goucher) 목사는 조선에 복음이 전해지지 않았다는 소식을 듣고 본 교회에 돌아와 조선 선교를 위해 기도하고 헌금을 드림으로써 조선에 선교사를 파송하기 위한 구체적인 준비를 시작했다. 아울러 일본에서 사역 중이던 선교사 로버트 맥클레이(Robert Maclay)에게 편지를 보내, 조선을 직접 방문하여 살펴보고 구체적인 정황을 파악해 달라고 요청하기에 이른다. 맥클레이는 김옥균의 도움으로 고종을 알현하고 두 가지 윤허(允許)를 받아 냈다. 바로 언어 교사와 의사가 공식적으로 조선에 입국할 수 있도록 하는 허락으로, 이것이 1884년 7월 3일의 일이었다. 맥클레이는 이 정보를 즉시 본국에 알렸다. 그리고 간절히 기도했다.

"이 정보에 반응하는 선교사가 속히 나타나기를!"

보빙사 1883년 민영익을 단장으로
미국을 방문했던 보빙사 관리들

내딛음, 빗장을 풀고 조선으로(1885~1890)

19세기 말 조선에 대한 서양의 인식은 '미개하고 더러운 가난한 나라, 굶주림과 전염병으로 인해 많은 이들이 죽어 가는 나라, 외교와 정치적으로 불안한 나라'였다. 그런데 이렇게 열악한 조선의 상황보다 그곳에 복음이 전해지지 않았다는 정보에 반응하던 많은 이들이 있었다. 그들은 빗장을 풀고 조선으로 발걸음을 내딛은 선교사들이었다.

의료 선교의 시작: 헤론

조선에서 사역할 의사를 모집한다는 정보를 듣고 한 젊은이가 선교부를 찾아왔다. 그는 존 헤론(John Heron, 혜론) 선교사였다. 미국 테네시 의과대학 졸업을 앞두었던 그는 조선으로부터 도착한 맥클레이의 편지를 읽고 하나님께서 자신을 조선으로 부르고 계심을 느꼈다. 헤론은 하나님의 부르심에 즉각 순종했다. 일본에서 조선으로의 입국을 준비하던 중 갑신정변(1884)으로 입국이 지체되었던 존 헤론 부부는 언더우드와 아펜젤러의 조선 입국 소식을 접하고 곧바로 그 뒤를 따랐으며, 제중원(濟衆院)에서 호러스 뉴턴 알렌(Horace Newton Allen, 안련) 선교사를 도와 의술을 펼쳤다. 헤론은 고종의 어의(御醫)였으며, 가난한 자들의 친구였고, 전염병 예방의 선구자였다.

그는 열정적으로 복음을 전했다. 왕진을 다니면서 가난한 자들을 치료
해 주었다. 그런 그가 조선에 입국한 지 5년 만에 쓰러지고 말았다. 1890
년 7월 26일, 헤론은 전염성 이질로 이 땅에서 순교했다. 당시 서울 인근
에 선교사를 묻을 땅이 없어 동료 선교사들은 고종에게 청원했고, 서울
에서 십 리가량 떨어진 한강 모래땅을 허락받았는데, 그곳이 바로 지금
의 양화진 선교사 묘역이다.

조선에 가야 한다: 언더우드

1883년, 알버트 목사는 미국신학교연맹 모임에서 중요한 메시지를 전
했다.

"조선에 가야 합니다. 주님은 여러분 중 누군가가 조선을 위해 선교사로
가기를 원하십니다."

이 메시지에 반응한 젊은이가 바로 언더우드(Underwood, 원두우)와 아
펜젤러(Appenzeller, 아펜설라)였다.

언더우드는 먼저 기도로 반응했다. 하나님께 조선으로 누군가 갈 수
있게 해달라고 기도했던 것이다. 그는 당시 인
도 선교를 준비하고 있었기에 조선은 생각하지
않고 있었다. 그런데 그 기도의 끝자락에서 하
나님은 언더우드에게 이렇게 말씀하셨다.

"No one for Korea, How about Korea?"

(조선을 위해서는 아무도 없다. 조선은 어떻게 할 것
인가?)

언더우드(1859~1916)와 그의 아들

아펜젤러가 촬영한 언더우드의 고아원(1899)

언더우드는 하나님께서 자신을 조선으로 부르신다는 확신을 가지고 선교부에 파송해 줄 것을 청원했다. 하지만 선교부는 목회자의 입국을 규제하던 조선 정부와의 갈등을 생각해 이를 거절했다. 그럼에도 언더우드는 포기하지 않고 분명한 소명 의식으로 세 차례 청원한 끝에 조선 선교사로 임명 받았고, 1885년 4월 5일 부활절 아침에 아펜젤러 부부와 함께 인천 제물포항에 도착했다. 당시 복음을 전하는 목회자 선교사의 입국을 규제하던 상황 속에서, 26세의 청년 선교사 언더우드가 제중원의 업무를 돕는 일 외에 할 수 있는 것은 기도뿐이었다. 그는 복음을 듣지 못하고 죽어 가던 조선 백성을 위해 눈물로 기도했다.

언더우드의 고아원 학교 학생들(1888)
앞줄 중앙에 서 있는 소년이 김규식

'주여! 지금은 아무것도 보이지 않습니다. 주님, 메마르고 가난한 땅, 나무 한 그루 시원하게 자라 오르지 못하고 있는 땅에 저희를 옮겨 와 심으셨습니다. … 지금은 예배드릴 예배당도 없고 학교도 없고, 그저 경계와 의심과 멸시와 천대함이 가득한 곳이지만 이곳이 머지않아 은총의 땅이 되리라는 것을 믿습니다. 주여! 오직 제 믿음을 붙잡아 주소서!'[3]

언더우드는 1886년부터 부모를 잃은 조선의 어린이들을 돌보기 시작했다. 이 사역이 시발점이 되어 '예수교학당', '구세학당'의 이름을 거쳐 '경신학당'(현재 경신중고등학교)으로 성장했으며 송순명, 김규식, 안창호와 같은 민족 지도자를 배출하기에 이르렀다. 또 그는 1887년에는 14명의 교인과 함께 새문안교회를 설립했는데 이때 서상륜, 백홍준이 장로로 세워지면서 조선 최초의 조직 교회로서 예배드릴 수 있게 되었다. 이러한 언더우드의 기도와 노력은 교회, 교육(연희전문학교), 출판(그리스도신문, 영한사전), 문화를 뛰어넘어 정치와 사회 전반에 많은 영향력을 미쳤다. 자신의 건강을 희생하기까지 조선을 사랑했던 언더우드는 결국 건강 악화로 인해 미국으로 건너갔으나 회복하지 못한 채 1916년 10월, 미국에서 생을 마감했다. 그의 유해는 1999년 이장되었고 현재 양화진 외국

 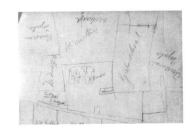

새문안교회 첫 예배당(1887)과 언더우드가 직접 그린 예배당 위치도(1892)

3 정연희 ≪이야기 선교사 양화진≫(홍성사, 1992), 235. '언더우드의 기도'로 알려진 이 기도문은 소설가 정연희 씨가 언더우드 선교사의 마음을 생각하며 창작한 기도문이다.

인 묘역에서 가족들과 함께 잠들어 있다.

선교는 곧 순교다: 아펜젤러

한편 아펜젤러 부부는 조선 정부의 반대로 언더우드와 함께 입국하지 못한 채 일본으로 돌아갔다가 조선에 재입국한 후 정동에 사저를 마련하고 선교 활동을 시작했다. 사저에서 예배드리던 이들은 1887년에 한옥으로 된 예배 처소를 마련하여 벧엘예배당이라 이름 붙이고 교회의 모습을 갖추기 시작했다. 하지만 머잖아 조선 정부의 선교금지령으로 예배처가 폐쇄되었다. 그리고 1895년, 지금의 정동제일교회의 전신인 벧엘예배당의 건축을 시작하면서 오늘날까지 그 역사를 이어오고 있다. 한편 1885년 8월에 사저에서 시작했던 영어 수업은 한국 최초의 근대식 학교인 배재학당의 모체가 되었다. 아펜젤러는 복음 전도와 교육, 성서 번역과 청년 운동을 통해 민족운동과 한반도의 복음화를 위해서 자신의 삶을 드렸던 선교사였다.

> "조선에서 내 사랑하는 교회의 초석을 놓는 데
> 내 평생을 기꺼이 바치겠다. 내가 가지고 있는
> 야망이란 이 나라 전체에서 그리스도를 전파하
> 는 것이다. 영혼을 구원하는 것, 이것이 우리에

게 해야 할 유일하고 위대한 일이다."[4]

'한반도 전역에서 그리스도를 설교하는 것'을 비전으로 바라보던 아펜젤러는 1902년 성경번역위원회 모임을 위해 배를 타고 목포로 향하던 중 군산 앞바다에서 일본 상선과의 충돌로 배가 침몰하던 순간, 함께 승선했던 정신여학당의 학생을 구하려다 서해 바다에서 순교했다. 그가 생전에 자주 읊조리던 '선교는 순교'라는 말은 이렇게 현실이 되었다.

나아감, 끊임없는 전진(1891~1900)

서울, 부산, 평양을 중심으로 한 초기 선교 사역이 안정되면서 선교사들은 아직 복음이 전해지지 않은 지역들에 관심을 기울이게 되었다. 그리고 이 땅 구석구석을 정탐하면서 더 많은 선교의 동역자들이 필요함을 절감했다. 이 같은 정보에 반응했던 사람들의 기도와 순종은 또 다른 전진을 이루어 낸다.

7인의 선발대와 호남 사역의 시작

언더우드는 아내 릴리어스 호튼(Lillias Horton)의 건강 이상으로 1891년, 조금 이른 안식년을 보내게 됐다. 그는 안식년 기간 동안 본국의 많은 그리스도인에게 우리 민족을 소개하고, 조선을 위하여 기도하고 헌금하며, 선교사의 삶으로 반응할 것을 권면했다. 특별히 미국 맥코믹 신학교와 테네시 주 내쉬빌 지역에서 개최되었던 신학생 선교대회의 강사로 초

---

4 윌리엄 그리피스, 이만열 역 《아펜젤러》(IVP, 2015), 179.

빙된 언더우드는 조선 내 선교 상황과 정보를 나누었다. 그들은 조선의 충청도와 호남 지역에는 단 한 사람의 선교사도 없으며, 그 지역 사람들은 복음이 무엇인지도 모른 채 죽어 가고 있으니 누군가 그곳에 복음을 들고 가야 한다고 강력하게 외쳤다.

이러한 정보에 반응했던 많은 이들 가운데 루이스 테이트(Lewis Tate, 최의덕)와 매티 테이트(Mattie Tate, 최마태) 남매, 윌리엄 레이놀즈(William Reynolds, 이눌서)와 볼링 레이놀즈(Bolling Reynolds) 부부, 윌리엄 전킨(William Junckin, 전위렴)과 메리 레이번 전킨(Mary Leyburn Junckin) 부부, 그리고 린니 데이비스(Linnie Davis)가 있었다. 우리는 이들을 '7인의 선발대'라고 부른다. 조선에 도착한 그들은 경성에 머물면서 조선의 언어와 문화를 배우고 효과적인 선교 사역을 위해서 기도하고 준비하였다. 1893년에는 때마침 조선에서의 선교 사역을 효과적으로 진행하기 위해 교단별로 사역지를 구분하는 '예양협정'이 발표되었고, 미국 남장로교 파송 선교사였던 7인의 선교사는 호남 지역을 맡아 사역하게 되었다. 그들은 1893년 전북 지역을 돌아보았고, 1894년에는 전남 지역까지 정탐했다.

이후 루이스 테이트와 매티 테이트 남매가 전주에 입성하면서 본격적인 호남 지역 선교 사역이 시작되었다. 루이스와 매티가 전주의 서문 밖 은송리에 정착하면서 전주교회(현재 전주서문교회)가 세워졌다. 루이스로부터 의료 사역의 필요성을 전해들은 여의사 잉골드(Ingold)는 1895년 내한하여, 1897년부터 전주선교부에 소속되어 의료 선교 사역을 시작했다. 그리고 1902년엔 진료소를 설립함으로써 전주예수병원의 기초를 세우는 귀한 역할을 감당했다. 더불어 1900년 4월에는 매티에 의해서 전주여학교(현재 기전여자중고등학교)가 여섯 명의 소녀들을 가르치기 위해서 세워졌고, 같은 해 9월에는 레이놀즈에 의해서 전주신흥학교(현재 신흥중고등학교)가 설립되었다.

군산에서 사역을 시작한 전킨은 1893년에 궁멀교회(현재 구암교회)를 세웠으며 복음전파 사역과 함께 교육 사역에도 힘 쏟아 1902년에 군산영명학교(현재 제일고등학교)와 멜본딘여학교(현재 영광여자중고등학교)를 설립한다. 특히 '멜본딘'이라는 초기의 학교 이름이 주는 의미가 새롭다. 학교 건축을 위해 간절히 기도하며 모금 운동을 벌이던 중, 미국 버지니아 주의 메리볼드윈대학교 재학생들이 1달러 모금운동을 통해 총 1천 달러의 건축기금을 마련해 주어 학생들을 위한 학교가 세워지게 되었던 것이다. 그 귀한 섬김을 기억하고자 '메리볼드윈'이란 이름을 빌려 와 '멜본딘여학교'로 개칭했다. 개개인의 이름이 아닌 한 대학 학생들의 작은 나눔과 기도가 군산 땅에 그리스도의 사랑으로 열매 맺은 것이다.

7인의 선발대 다음으로 입국했던 이가 의료 선교사 드루(Drew, 유대모)다. 그는 궁멀예수병원을 설립하였고, 작은 돛단배(선교선, mission vessels)를 장만하

전도선

여 금강과 만경강을 거슬러 올랐으며, 현재 새만금방조제가 조성되어 있는 고군산군도 지역까지 방문하여 가난한 자들를 치료하며 복음을 전파하였다. 1894년 조선에 입국한 드루 선교사는 자신의 몸을 돌보지 않고 의료 사역에 매진하다 건강이 악화되어 1901년 본국으로 돌아갔으나 다시 귀국하지 못했다.

함께 사역했던 전킨은 1908년 폐렴으로 인해 43세의 젊은 나이에 순교하여 호남 땅에 잠들어 있다. 그런데 그의 묘비 앞에는 세 개의 작은 지석(誌石)이 있다. 바로 그의 세 자녀, 조지(George), 시드니(Sidney), 프랜시스(Francis)의 이름이 새겨진 지석이다. 자신의 어린 자녀를 먼저 떠나보내고도 이 땅에 남겨진 하나님의 백성을 사랑하여 자신의 삶을 다 드린 것이다. 이에 전주여학교는 '전킨 선교사를 기념하자'란 의미에서 교명을 기전(紀全)이라 변경함으로써 그 삶을 기리고 있다.

이러한 헌신으로 전주와 군산에서의 사역이 안정되자 선교사들은 그때껏 교회가 세워지지 않았던 지역에까지 복음을 전하기로 결정하고 행동해 나갔다. 그들은 목포, 광주, 순천에 선교 기지를 세우고 호남 전 지역을 복음화하는 데 그 삶을 다 내어 드렸다.

경남을 가슴에 품은 데이비스와 호주 선교사들
호주의 한 젊은이가 부산 영선동에 묻혔다. 바로 경

남 지역을 가슴에 품었던 데이비스(Davies, 덕배시)였다. 1890년, 아직 복음이 전해지지 않은 우리나라의 내륙 지방 구석구석에서 복음을 전하며 서울에서 부산으로 향하던 33살의 젊은 선교사는 급성 폐렴과 천연두로 입국한 지 183일만에 부산에서 순교했다. 하지만 데이비스의 순교 소식은 청년연합회와 여선교연합회를 조직케 했고, 1891년에는 후임 선교사들이 경남 지역으로 파송되었다. 한 알의 밀알이 땅에 떨어져 죽음으로 수많은 선교의 열매들을 맺은 것이다.

호주 출신의 많은 선교사가 경남에 자리를 잡으면서, 1891년부터는 부산을 거점으로 진주(1905), 마산(1911), 통영(1913), 거창(1913)에까지 선교지부가 확대되면서 경남 지역에도 교회와 학교, 병원을 중심으로 한 선교 사역이 이루어지기 시작했다. 같은 시기, 부산에 초량교회를 개척하여 사역하던 윌리엄 베어드(William Baird, 배위량)는 경남 지역 선교 사역을 호주선교부에 맡기고, 아직 복음이 전해지지 않은 내륙 지방을 선교하기 위해 한국내지선교회(Korea Inland Mission)를 설립했다. 이후 그는 경상도 북부 지역을 정탐하고 1896년 4월부터는 본격적으로 대구 지역을 중심으로 한 선교 사역을 펼쳐 나갔다. 같은 해 10월, 베어드가 전(全)한국 교육담당 선교사로 임명되어 서울로 올라가면서 대구 선교는 그의 처남이었던 제임스 아담스(James Adams, 안의와)와 의료 선교사 존슨(Johnson, 장인차) 및 브루언(Bruen, 부해리)이 담당하게 되었는데, 장차 이들은 대구 선교의 3인방이 되었다.

동북아시아에 위치한 은둔의 나라 조선의 소식에 반응했던 수많은 그리스도인들의 헌신은 이후에도 계속되었고, 충청도와 강원도, 제주도와 울릉도에 이르기까지 선교사들의 발걸음은 끊이지 않았다. 그들은 지금

은 갈 수 없는 한반도 북쪽 구석구석에까지 찾아가 교
회와 학교, 병원을 설립했다.

만남, 하나님의 축복

조선의 백성이 선교사들을 만났다. 그리고 선교사들
은 우리에게 하나님을 소개했다. 그렇게 역사가 시작되
었고, 기적이 일어났다. 그 놀라운 기적의 이야기는 우
리가 발 딛고 사는 이 강토 구석구석에 사랑의 흔적으
로 새겨져 있다.

주의 사랑으로 치유하다: 에비슨

언더우드는 친구인 헤론을 양화진에 안장하고, 이듬
해인 1891년 안식년을 맞아 본국을 방문했다. 그리고
조선에 더 많은 선교의 동역자가 필요함을 전하던 중,
그에 반응해 온 캐나다 토론토 의대의 교수 올리버 에
비슨(Oliver Avison, 어비신)을 만났다. 그리고 에비슨은
1893년 제중원 4대 원장으로 부임하여 의료 사역을 시
작했다.

당시 조선의 서양식 의료 기관이었던 제중원의 낙후
된 시설을 개선하고 현대식 병원으로의 전환이 필요함
을 인식했던 에비슨은 본국으로 돌아가 조선의 상황을
알렸다. 그때 하나님께서 소중한 만남을 허락하셨다.

실업가 세브란스(Louis Severance)를 만났던 것이다. 세브란스는 2만 5천 달러를 병원 설립을 위해 헌금했고, 에비슨은 1904년 남대문 밖 과수원 땅에 초현대식 병원을 건축하고는 병원 이름을 제중원에서 세브란스병원으로 변경했다.

1894년에 에비슨은 선교 사역 중 사무엘 무어(Samuel Moore, 모삼열) 선교사의 요청으로 조선시대 가장 낮은 신분이던 백정의 집을 방문했다. 열병으로 사경을 헤매던 백정 박(朴)씨를 치료하기 위해서였다. 백정 박 씨는 선교사들의 도움으로 완치된 후 무어가 사역하던 곤당골교회의 교인이 되었으며, 아버지의 치료를 요청했던 아들 봉출이는 에비슨의 도움으로 제중원에서 허드렛일을 맡다가 이후 의학 공부를 시작하게 되었다. 머잖아 성춘(成春)이란 이름을 가지게 된 박 씨는 무어와 함께 조선의 신분해방운동에 뛰어들었다. 그리고 1894년부터 1896년까지 진행된 갑오개혁을 통해서 신분제도를 철폐하는 업적을 이루어 내는 데 힘을 더했다. 이후 박성춘은 양반과 천민이 함께 예배드리던 승동교회의 장로가 되었는데, 그 아들 봉출이가 우리나라 최초의 7인의 서양 의사 중 한 명인 박서양이다. 박서양은 세브란스에서 사역하던 중 1908년에 만주로 건너갔고 이후로 독립군을 도우며 의술을 펼치는 삶을 살게 된다.

인생의 폭풍 속에서 제자리를 지키다: 로제타 홀

1890년에 여성 의사로서 조선에 입국한 로제타 홀(Rosetta Hall, 허을)은 이듬해 내한한 제임스 홀(James Hall, 하락, 홀)과 1892년에 결혼했다. 하지만 제임스 홀은 1894년 일어난 청일전쟁 중 평양에서 많은 부상자들을 치료하다가 그만 전염병에 감염되었고, 끝내 병을 이겨 내지 못한 채 조신 입국 3년 만에 어린 아들 셔우드 홀과 태중의 생명(에디스 마가렛)을 남겨 둔 채 순교했다.

남편을 양화진에 묻고 본국으로 돌아간 로제타는 에디스를 출산한 후 어린 두 자녀와 함께 1897년 11월, 다시 조선으로 입국하여 사랑의 의술을 펼치며 복음을 전했다. 그러나 다시 한 번 상상할 수 없는 시련이 찾아왔다. 어린 딸 에디스가 조선에 온 지 얼마 지나지 않아 풍토병으로 목숨을 잃은 것이다.

그럼에도 로제타는 평양의 기홀병원을 시작으로 어린이를 위한 아동병원, 이화여대부속병원, 인천기독병원, 인천간호보건대학, 여성의료전문대학을 설립했으며 우리나라 최초로 시각 장애인을 위한 특수 교육을 시작하고 한글 점자를 개발·보급하면서 평생 조선의 백성을 위하여 살았다.

한편 로제타는 이화학당 설립자인 메리 스크랜턴(Mary Scranton)이 제안하여 세운 정동 이화학당 구내의 여성전문병원인 '보구여관'(保救女館)에서 사역할 때, 그곳에서 공부하던 14살의 소녀를 만났다. 소녀의 아버지(김홍택)가 아펜젤러 선교사의 일을 도우면서, 소녀도 자연스레 이화학당에서 공부하게 된 것이었다. 총명한 이 소녀가 로제타 선교사를 도와 보구여관에서 통역과 간호 보조일을 하게 되면서 또 하나의 아름다운 이야기가 시작되었다. 이 소녀의 이름이 바로 김점동이다.

　로제타가 남편을 양화진에 묻고 본국으로 귀국한 이듬해인 1895년에 김점동과 그 남편 박유산을 미국으로 초대하면서 이들 부부의 유학 생활은 시작되었다. 특히 김점동은 1900년에 볼티모어여자의과대학을 졸업했고, 우리나라 최초의 여성 의사 겸 의학 박사가 되었다. 우리가 잘 아는 박에스더가 바로 김점동의 미국 이름이다. 고국으로 돌아온 박에스더는 수많은 조선의 여인들에게 의술을 펼치고, 복음을 전하며, 자신의 모든 열정을 쏟아부었다. 스스로의 몸을 돌보기보다 환자들을 생각하며 밤낮을 가리지 않고 사역하던 박에스더는 1910년, 결핵으로 귀국 10년 만에 고국 땅에서 잠들게 된다.

부흥, 영적 각성의 열매(1901~1910)

　한국 교회의 부흥은 영적 각성, 즉 회개로부터 시작되었다. 선교사들을 통해 복음이 전해지기 시작하던 1885년 이후 20여 년 동안, 사회적 약자 계층은 보호와 도움을 위해 신앙생활을 이어갔으며, 지식인 층은 한반도에서 벌어졌던 청일전쟁과 러일전쟁의 승리국인 근대화된 일본을 바라보면서 서구문화를 대변하는 기독교에 관심을 가지고 신앙생활을 해나갔다. 이러한 배경 가운데 한국 교회가 신앙의 본질을 추구하기 시작한 때는 1900년대 초기였다.

　특히 1907년 평양대부흥운동의 뿌리가 되었던 1903년 원산에서의 회개 운동은 의미 있는 시작점이었다. 감리교 선교사들의 성경 공부 모임에서 말씀을 전하던 로버트 하디(Robert Hardie, 하리영)가 그간 백인우월

주의와 권위주의적 시
선으로 조선인들을 바
라보며 사역하던 자
신을 고백하며 회개했
고, 모임에 참석했던

원산 대부흥운동(1903)

동료 선교사들 또한 스스로의 교만함을 고백하고 회개
했다. 이렇게 시작된 회개운동은 1904년 원산을 거쳐
평양에 이르렀으며, 1905년 장대현교회에서는 길선주
장로의 인도 아래 공개적으로 새벽기도회가 시작되어
500명이 넘는 성도들이 모여 기도하며 부흥의 불길을
지폈다. 특히 1906년 평양에서의 사경회에는 하디 선
교사가 강사로 초청되었는데, 이때 조선인들은 큰 부
흥을 경험하게 된다. 평양의 장대현교회에서도 1907
년 1월에 열릴 예정이던 연례 사경회를 앞두고 조선의
교인들이 새벽마다 모여 기도하며 준비했는데, 블레어
(Blair, 방위량), 그라함 리(Graham Lee, 이길함) 선교사의
인도를 통해 성령의 임재를 체험하는 놀라운 역사가
일어났다.

말씀의 깨달음을 통한 이러한 영적 각성은 개인적
인 회개의 범주를 넘어섰다. 성령의 일하심을 통해 교
회 공동체의 구성원들이 죄를 회개하고 예수 그리스도
를 믿음으로 말미암아 전방위적인 삶의 변혁이 일어났
던 것이다. 평양의 대각성운동은 죄를 고백하는 데서

멈추지 않고 스스로의 윤리·도덕적인 과오까지 개선하는 삶의 일대 변혁을 이루었으며, 마침내 사회적 차원에까지 영향을 미쳤다. 이러한 회개운동은 교회를 넘어 학교로까지 확산되어 평양의 숭덕학교와 숭실전문학교 학생들이 이에 동참했고, 곧이어 한반도 전역으로 부흥의 불길이 빠르게 번져나갔다. 노블(Noble, 노보을) 선교사는 ≪코리아 미션 필드≫(The Korea Mission Field)에서 "이것은 사도행전 이후 가장 강력한 성령의 역사"라고 증언하기도 했다.

우리는 한반도 대부흥운동의 특징이 첫째, 공동체와 개인의 철저한 회개와 신앙 갱신으로의 발전이었음을 기억해야 한다. 말씀과 기도를 통한 영적 각성의 열매로 '백만인 구령운동'(1909)이 일어났으며, 시대의 아픔을 자각한 조선의 그리스도인들이 민족운동과 사회운동을 위해 교회 밖으로 나아가게 된 것이다. 둘째는 이때의 대부흥이 사경회(성경 공부)를 중심으로 성경에 기초한 영적 각성운동에 의한 것으로서 말씀의 토대 위에서 회개와 기도 그리고 성령의 인도하심을 체험하는 역사였다는 것이다. 요컨대 한반도 대부흥운동은 하나님의 주권적인 은혜의 역사였음에 틀림없다.

한국 교회가 성장할 수 있었던 원인에는 지리적 특징, 정치·사회적 상황 그리고 개방성 같은 다양한 외적 이유가 있다. 그러나 근본적으로는 '자전, 자립, 자치'를 내세운 네비우스 선교 방법에 근거한 '성경 중심적 사고와 생활, 체계적인 성경 공부, 자립 전도·정치·경영'에서 그 원인을 찾을 수 있다. 최근 네비우스 선교 방법에 대한 비판의 의견도 없지 않으나, 이것이 한국 교회 성장의 중요한 요인이었음은 아무도 부인할 수 없는 사실이다.

그리고 본격적인 선교사들의 입국 선에 이루어진 성경 번역과, 원주민들로 이루어진 신앙 공동체의 기초 위에 복음주의적인 신앙 배경을 가진 선교사들의 전도와 성경 교육의 열정이 더해졌던 것이다. 또 선교지 분할 협정과 선교 사역의 연합 등이 네비우스 선교 방법과 어우러지면서 이 땅 가운데 교회의 성장을 이루어 나갔다.

또 다른 두드림, 열방을 향하여(1911~현재)

한국 교회는 선교 사역과 함께 성장했다고 해도 지나치지 않다. 한국 교회는 1907년, 평양신학교의 제1회 졸업생 7인(서경조, 길선주, 방기창, 양전백, 한석진, 송린서, 이기풍) 중 하나인 이기풍 목사를 제주도 선교사로 파송하면서 원주민에 의한 목회와 선교 사역을 시작했다. 또한 1912년 대한예수교장로회 총회가 조직되면서 해외 선교 사역을 시작하기로 결정했다. 이에 따라 황해도 재령 출신의 첫 목사인 박태로 목사를 김영훈, 사병순 목사와 함께 1913년 중국 산동성에 선교사로 파송했다. 하지만 산동성 선교가 많은 어려움에 봉착하자 박태로, 김영훈, 사병순 선교사는 본국으로 돌아왔다. 곧이어 한국 교회는 1917년 방효원, 홍승한 목사를 산동성으로 파송함으로써 선교 사역의 공백을 메웠고, 이후 김병규, 박상순, 이대영 선교사와 의료 선교사 김윤식을 추가로 파송했다. 또 1931년에는 최초의 여성 선교사인 김순호 전도사를 파송했으며, 1937년에는 방효원 선교사의 아들인 방지일 목사가 중국에 선교사로 입국하였다.

한국 교회의 해외 선교 역사는 크게 세 단계로 나눌 수 있다. 첫 번째는 1907년 이기풍 목사의 제주도 파송 때부터 1957년 방지일 목사가 중국 공산당으로부터 추방당해 귀국하던 때까지이며, 두 번째는 1956년 최찬영, 김순일 선교사의 태국 파송 때부터 1975년까지이다. 그리고 마지막 세 번째는 1976년 이후부터 현재까지로 해외 선교 사역에 집중적인 관심을 가지기 시작한 시기이다.

그런데 이중 첫 번째 시기는 일제강점기, 곧 나라의 주권을 상실한 시기와 맞물린다. 당시 한국 교회는 신사 참배 문제와 신비주의 및 이단의 출현, 해방 이후 교회의 분열이라는 아픈 역사를 겪었다. 그럼에도 앞서 언급했듯이 1907년에 이기풍 선교사를 시작으로 1945년까지 약 250여 명의 선교사들을 제주도, 만주, 시베리아, 몽고, 일본, 중국, 소련 등에 파송하며 선교적 사명을 감당하였다.

한편 한국 교회는 전쟁 이후 1956년에 최찬영, 김순일 선교사를 태국으로 파송함으로써 두 번째 시기를 맞이하였다. 그러나 곧이어 계속되는 교회의 분열로 선교 사명을 감당하지 못했던 10여 년의 아픔을 경험하게 된다. 이러한 어려움은 교회를 성숙하게 했으며, 1960년대 후반부터 멈춰 버렸던 선교사 파송의 불씨도 조금씩 일어나기 시작하였다.

1976년 이후의 경제 발전과 맞물려 한국 교회는 다시 선교 사명에 집중했고, 여러 선교 단체들이 본격적으로 선교사를 파송하기 시작했다.

그리고 1980년대에 이르러서는 전 세계에 흩어져 있던 한국 이민자들과 연합하여 선교 사역을 더욱더 확장해 나갔다. 이 시기의 경제 성장과 차차 이루어진 정치적 안정을 기반으로 한국 교회는 복음주의적 관점에 기초한 선교 대국으로 발돋움하게 되었다.

한국 교회는 1907년을 시작으로 오늘날까지 100년이 넘는 기간 동안 지속적으로 선교사를 파송하고 있으며, 꾸준한 헌신자들로 인해 세계 선교 사역의 최전방에 선 나라가 되었다. 1979년에 채 100명도 되지 않던 파송 선교사의 수가 2014년에는 2만 6천 명을 넘어섰다. 더욱 고무적인 것은 2000년 이후 매년 천 명 이상의 선교 헌신자가 세워지고 있다는 것이다.

연도별 선교사 현황

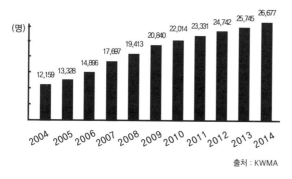

출처 : KWMA

한국 교회의 선교 사역이 앞으로 어떠한 모습으로 발전될지 우리는 알지 못한다. 그러나 분명한 것은 전 세

계적으로 일어났던 부흥운동이 기도와 회개를 통한 영적각성운동으로
부터 시작되었다는 것이다. 한국 교회가 선교의 사명을 더욱더 잘 감당
하기 위해서는 이 점을 기억해야 할 것이다. 성경의 바른 관점에서 기도하
고 회개할 때, 하나님께서는 다시 한 번 한국 교회의 부흥과 갱생을 통해
선교 사역의 완성을 이루어 가실 것이다.

한국, 다음 선교행전을 쓰라

대한민국 근현대사에서 가장 중요한 사건 중 하나는 기독교의 등장이
다. 한국 기독교는 개화기에 서구화와 산업화를 이끌었으며, 신분제도 개
혁과 같은 사회 개혁을 주도하면서 성숙한 시민의식이 싹트도록 도왔다.
그리고 이러한 시민의식이 오늘날 민주주의의 근간이 된 것이다.

우리나라 근현대사에서는 선교사들의 사역 시기와 일제강점기가 동
일한 시간선상에 있었다. 당시 선교사들은 일본 정부에 대하여 어떠한
태도를 취할 것인지 의논했고, 내한 선교사들은 한국에서의 지속적인
선교 사역을 위해서 중립을 지키기로 결정했다. 하지만 이들이 택했던 정
치적 중립은 시대의 아픔을 방관하는 유의 중립은 아니었다.

> "일본의 권세에 대항하려고 하지 말고 자기 자신을 개선하도록 힘
> 쓰시오. 무력으로 대항해 보아야 아무것도 성취하지 못합니다. 여
> 러분의 자녀들을 교육하여 여러분의 가족과 함께 더 나은 수준에
> 달하도록 하십시오. 여러분의 선행과 자제(自制)를 보여서 여러분

이 일본인에 비하여 못하지 않음을 알게 하도록
하십시오."[5]

　이러한 선교사들의 가르침은 비폭력 만세운동이었
던 3·1운동에도 반영되었으며, 선교사들은 지속적인
교육 사업을 통해 인재를 키워 가는 일에 집중했다. 특
별히 1905년, 을사늑약의 체결로 실질적인 국권을 빼
앗긴 시기와 맞물려 원산의 부흥운동(1903), 평양대부
흥운동(1907), 나아가 한반도 대부흥의 역사가 일어난
것은 오늘날 한국 교회에 시사하는 바가 크다. 일제강
점기 동안 교회는 우리 민족의 영적 쉼터가 되었던 것
이다.

　아울러 초기의 내한 선교사들은 선교지의 자국민에
의해서 교회, 학교, 병원 등이 설립, 유지, 확장되어야함
을 깨닫고 이에 집중하였다. 교회의 목회자를 세우고,
학교의 교육자를 키우고, 병원의 사역자를 준비시켜
자국민의 힘으로 자립·자전·자치할 수 있도록 도왔던
것이다. 이러한 핵심 선교 정책은 교회, 학교, 병원을 뛰
어넘어 우리나라 정치, 경제, 사회 전반에 걸쳐 근대화
를 이루는 데 많은 영향을 끼쳤다.

　인간의 짧은 사고와 좁은 시선으로는 한 시대를 조

5　F. A. McKenzie ≪Korea's Fight for Freedom≫(1920), 김영재 ≪한국교
회사≫(합신대학원출판부, 1992), 204에서 인용한 것을 재인용.

명하기에도 부족하다. 우리는 하나님의 크고 놀라운 계획을 다 이해할 수 없는 유한한 피조물임을 고백하지 않을 수 없다. 그러나 하나님께서는 이미 이루어 내신 역사를 통해서 우리에게 많은 것을 보이시고, 알리시고, 제시하신다. 그 귀한 선물함의 열쇠가 바로 '성경과 역사'이다. 하나님께서 주신 귀한 선물을 통해서 또 다른 선교행전을 써내려 가는 우리가 되기를 간절히 기도한다.

01

조선에 파송되었던 외국 선교사들의 순교와 헌신에 대한 이야기를 듣고 어떤 감동과 도전이 있었는지 함께 나누어 봅시다.

02

조선 말, 많은 외국 선교사들이 미전도 종족이었던 조선에 대한 정보를 듣고 하나님의 말씀에 반응하여 이 땅에 왔습니다. 최근 알게 된 미전도 종족 또는 선교지에 관한 정보가 있습니까? 그 정보를 접하며 어떤 반응을 보였습니까?

03

현대 한국 교회와 성도들은 열방과 미전도 종족에 대해 어떤 마음 자세를 갖추어야 할까요?

04

미전도 종족이었던 한국이 선교 대국으로 발전할 수 있었던 것은 하나님의 큰 축복 덕분이었습니다. 구한말 성도의 모습을 떠올리면서, 그 축복을 누리는 우리는 어떤 모습으로 살아야 할지 나누어 봅시다.

05

과거에 비해 최근 한국 교회와 선교가 활력을 잃었다는 이야기가 곳곳에서 들립니다. 이러한 때에 한국 선교 역사가 주는 메시지에 대해 나누어 봅시다.

06

지금도 미전도 종족에서 선교 대국으로 부흥하는 나라들이 있습니다. 이미 앞서 그 길을 걸었던 우리의 역할은 무엇일까요?

06

문화를 이해해야 선교가 보인다

손창남

해외에서 복음을 전하면 선교이고 국내에서 복음을 전하면 전도인가? 아마 100년 전에 이런 질문을 누군가 했다면 긍정적으로 답할 수 있었을 것이다. 하지만 이제 선교는 지리적 거리가 아니라 문화적 차이의 유무로 말해야 한다. 오늘날 선교란 해외에서 하는 사역이 아니라 문화를 넘어서 하는 사역(cross-cultural ministry)을 가리킨다.

예를 들어 어떤 목사가 가족들과 함께 브라질에 갔다고 하자. 그런데 그곳에 이미 와 있던 한국 사람들을 만나 복음을 전하기 시작했다. 그들 가운데 주님을 영접한 사람들이 많아졌고 그들을 중심으로 브라질에 한인 교회가 세워졌다. 한국 목사는 이제 주일마다 한국말로 설교하고 제자 훈련을 한다. 이 경우, 브라질에서 한국 목사가 하는 사역은 선교라기보다는 '교민 목회'라고 하는 편이 더 옳을 것이다. 사역이 해외에서 이루어졌다 해도 타 문화 사역이라고 말할 순 없기 때문이다.

반대로 어떤 목사는 의정부에 와 있는 인도네시아 근로자들을 위해서 말과 문화를 배우러 인도네시아에서 2년의 시간을 보냈다. 그리고 한국에 돌아와 의정부에 있는 인도네시아 근로자들을 위해서 사역했다. 우리는 이 사역을 오히려 선교로 칭해야 한다. 비록 같은 나라에 있으나 타 문화 속에서 사역하기 때문이다. 즉, 선교를 위해서는 무엇보다 문화에 대한 이해가 충분해야 한다.

초대교회의 타 문화 사역

초대교회 당시엔 문화에 대한 이해가 충분했을까? '선교란 타 문화에서 그리스도를 증거하는 것'이라는 사실을 기억하며 사도행전을 다시 살펴보자. 타 문화권에서 복음을 전하는 형태의 선교는 안디옥 교회가 바울과 바나바를 파송하기 이전부터 이미 경험했다.

사도행전 8장과 11장에는 스데반의 순교로 시작된 핍박을 피해 사마리아와 안디옥으로 '흩어진 사람들'이 등장한다. 그중 빌립이라는 이름의 이 사람은 예루살렘 교회의 일곱 명의 집사 중 한 명으로, 사마리아 사람들에게 '그리스도'를 전했다고 기록되었다. 이미 메시아에 대한 개념을 지녔던 사마리아 사람들에게 예수를 그리스도라고 전한 것은 그 문화를 고려할 때 매우 적절한 선택이었다. 사마리아 사람들은 유대인들과 같은 뿌리를 지녔으며 자신들을 야곱의 후손이라고 생각했다. 요한복음 4장에 나오는 사마리아 여인도 예수님께 자신이 그리스도, 즉 메시아가 올 것을 기다린다고 말한다.

반면 안디옥의 헬라인에게 갔던 흩어진 사람들은 '주(kyrios) 예수'를 전파했다고 기록되었다. 여기서 사용된 단어 'kyrios'란 당시 헬라인들이 숭상하던 헬라의 신들이나 황제에게 사용하던 경어이다. 에딘버러 대학교 선교학 교수 앤드류 월즈(Andrew Walls)는 이런 것을 '상징 빼앗기'(symbol theft)라고 부른다.

상징 빼앗기란 현지인들이 이미 사용하던 종교적 상징들을 버리는 것이 아니라, 오히려 적극적으로 취해서 복음을 친근하게 설명하는 데 활용하는 것을 말한다. 따라서 '흩어진 사람들'은 복음 전파의 대상에 따라 그들의 문화에 맞는 적절한 사역 방식을 따랐던 것이다. 이처럼 사도행전에서 '흩어진 사람들'이 안디옥의 헬라인들에게 상징 빼앗기를 해 가며 복음을 전함으로써 수많은 사람들이 믿고 주께 돌아오는 결과가 따라왔다.

문화 = 게임의 규칙

가장 간단하게 문화를 설명한다면 '게임의 규칙'과 같다고 할 수 있다. 같은 게임이지만 동네마다 규칙이 다를 수 있고, 동일한 규칙도 시간이 지나면 달라질 수 있다. 가령, 내가 어릴 때 하던 윷놀이에는 '빽도'라는 규칙이 없었다. 하지만 시간이 지나면서 사람들이 이러한 것들을 만들어 더욱 재미있는 윷놀이를 즐긴다. 마찬가지로 동네 축구에는 오프사이드(off side)라는 규칙이 없다.

문화를 게임의 규칙에 빗대어 간단히 정의한다고 해서 타 문화를 이해하는 것이 쉬워지는 것은 물론 아니다. 어느 선교지에 한국, 미국 그리고 영국에서 온 단기 사역자들이 함께 머물면서 사역한다고 하자. 세 사람이 도착한 다음날의 식사 모습을 한번 상상해 보라. 아침 식사는 빵에다 잼을 발라먹는 간단한 형태다. 각자 앉은 자리에 빵이 놓여 있고 잼은 식탁 중앙에 있다.

한국 청년이 먼저 손을 뻗어 잼을 자기 가까이로 끌어와 빵에 발라 먹는다. 그러면 영국 청년과 미국 청년은 눈살을 찌푸린다. 그런 행동은 자신들의 방법이 아니기 때문이다. 서양에서는 자기 앞에 놓인 식빵이야 마음대로 먹어도 되지만, 공동으로 먹으라고 놓아 둔 잼을 다른 사람들의 동의도 얻지 않은 채 손을 뻗어 끌어오는 것은 무례한 일이다. 하지만 한국 청년에게는 식탁에서 자기 손을 조금 뻗어 무언가를 가져오는 것이 극히 자연스럽다. 만약 한국의 식사자리에서 동생이 "언니, 거기 김 좀 주세요, 콩나물 좀 주세요" 하고 부탁한다면 과연 예의 바른 행동으로 여겨지겠는가?

하지만 서양에선 다르다. 미국 청년이 잼을 발라먹고 싶다면 한국 청년 가까이에 있는 병을 집어 오기 위해 팔을 뻗는 일은 절대로 하지 않을 것이다. 그것을 무례한 일이라고 생각하는 미국 청년은 대신 "Would you pass me the jam?"(잼을 좀 건네줄래?)라고 한국 청년에게 부탁할 것이다. 그러면 한국 청년은 전해 주면서도 내심 '왜 자기 팔이 있는데 가져가지 않고 나에게 달라고 할까'하며 의아해할 것이다.

이런 상황에서 정말 독특한 룰을 가진 사람은 영국 청년이다. 영국인들의 식사 예절에선 다른 사람 앞에 있는 잼을 가지고 와서도 안 되고, 미국 청년처럼 달라고 해서도 안 된다. 영국 사람들은 식탁에서 다른 사람이 먹으라고 하는 음식만을 먹게 되어 있다. 그래서 자기로부터 멀리 떨어진 음식을 손을 뻗어 가져오면 강도로 여기고, 먹으라고 권하지 않았는데 식탁에서 다른 사람에게 음식을 달라고 하면 거지로 여긴다. 영국에선 권하는 것을 먹는 것이 가장 예의 바른 행동이다. 그러니 이 영국 청년은, 강도 같이 가져다 먹는 한국 청년과 거지 같이 달라고 해서 먹는 미국 청년이 언젠가 한 번쯤 자기에게 잼을 먹겠느냐고 권할 때까지 기다린다. 하지만 그런 룰을 알 리 없는 한국 청년과 미국 청년은 서로 가져다 먹고 달래 먹느라 바쁘다. 급기야 참다못한 영국 청년이 한마디 한다. "Hey, Do you like the jam?"(너희들, 그 잼을 좋아하니?) 외면적 의미만을 생각하면 기호를 묻는 말이겠지만 지금 상황에선 '잼을 달라'는 의미다. 하지만 그 뜻을 짐작할 수 없는 한국 청년과 미국 청년은 "Of course, I do!"(물론 좋아하지!)

하면서 여전히 강도 같이 또 거지 같이 빵에 잼을 발라 먹는 것이다.

각자의 입장에서 한번 생각해 보자. 한국 청년은 미국 청년이 잼 든 병을 달라고 할 때마다 무척 불쾌하게 생각할 것이다. 미국 청년은 한국 청년이 자기 앞에 놓은 잼을 허락도 없이 가지고 갈 때마다 불쾌해 한다. 그리고 영국 청년은 한국 청년과 미국 청년이 자기에게 먹어 보라고 한 번 권하지 않으며 자기들만 먹는 것을 무례하다고 생각할 것이다.

문화는 호흡이다

일찍이 선교사로서의 현장 경험과 선교학자로서의 지식을 고르게 갖춘 폴 히버트(Paul Hibert) 교수는 문화를 한 사회가 가지는 특유의 학습된 행동 양식과 개념과 산물들의 통합 체계라고 정의한 바 있다.[1] 조금 어렵게 들릴지 모르지만, 히버트의 정의에서 우리는 몇 가지 중요한 문화의 요소들을 발견할 수 있다.

하나는 문화란 학습된다는 점이다. 조상으로부터 유전된 DNA로 인해 특정 문화를 타고나는 경우는 없다. 예를 들어, 한국 아기가 어릴 때 미국에 입양되었다면 이 아이는 자연스레 영어로 말하고 미국 음식을 먹게

---

1 폴 히버트, 김동화 외 3인 역 《선교와 문화 인류학》(조이출판부, 1996), 41.

될 것이다. 인종적으로는 한국인으로 태어났지만, 어릴 때 미국으로 가서 자란 아기의 DNA 속에 김치를 먹고 우리말을 하게 하는 유전적 요소란 존재하지 않기 때문이다. 그런데 이 말을 달리 해석하면, 다른 문화를 배울 수 없는 사람은 없다는 뜻이기도 하다. 누구나 학습하면 다른 문화를 익숙하게 받아들일 수 있다. 중년 혹은 노년에 타 문화를 경험하는 경우 나이 때문에 적응이 어렵다고 말하는 사람이 있는데, 배우는 속도가 느릴 뿐이지 불가능한 것은 아니다. 또 젊은 사람들이라고 해서 모두 타 문화 적응이 빠른 것도 아니다.

또 하나, 문화란 '행동 양식'(patterns of behavior)과 '개념'(concepts), 그리고 '산물'(outputs)의 '통합된 체계'(integrated system)라는 점이다. 행동 양식, 개념 그리고 산물의 관계는 이렇게 설명할 수 있다. 한국 사람들은 밥을 먹을 때 맨손 대신 숟가락을 사용한다. 이것이 행동 양식에 속하는 부분이다. 이런 행동 양식의 근저에는 손으로 먹는 것을 불결하다고 생각하는 선입견이 존재한다. 손으로 먹는 것이 더럽다고 생각하는 사람들은 숟가락을 만든다. 즉, 숟가락은 문화의 산물이다. 이런 내용들이 하나의 체계를 이루어 그 문화 안에 있는 사람들은 특별한 분석 없이도 복잡한 문화의 체계를 익숙하게 받아들이며 살아가는 것이다. 이렇듯 우리는 마치 공기의 존재를 의식하지 않고 살아가듯이 자기의 문화를 잘 의식하지 못한 채 지낸다. 자신의 문화에 대한 인식은 다른 문화를 만나면서부터 시작된다. 마치 물속이나 가스실 같은 곳에서 가까스로 호흡할 때에야 비로소 공기의 존재를 인식하게 되는 것과 비슷하다.

문화의 4층 구조

문화를 이해하기가 더욱 힘든 까닭은 그 안에 여러 층이 존재하기 때문이다. 로이드 콰스트(Lloyd Kwast)는 이것을 '문화의 4층 구조' 모델로 설명한다. 다음 그림 에서 보여 주듯 네 개의 층이 동심원을 그리며 안에서 밖으로 영향을 미친다.[2]

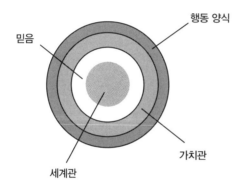

첫째, 행동 양식은 일상생활에서 일어나는 모든 일 들을 포함한다. 앞서 본 예들처럼 식사할 때 맨손으로 밥을 먹는가 아니면 숟가락으로 밥을 먹는가, 고개를 숙여 인사하는가 아니면 손을 내밀어 악수하는가 혹 은 포옹을 하는가 등이 이에 해당한다. 행동 양식은 겉

---

2 랄프 윈터 · 스티브 호돈 · 한철호, 정옥배 외 3인 역 ≪퍼스펙티브스 2≫ (예수전도단, 2010), 31~34. 로이드 콰스트의 '문화의 이해' 인용.

으로 드러나기 때문에 누구나 쉽게 인지하고 따라할 수 있다.

두 번째, 가치(value)는 행동 양식을 결정하는 요소라고 할 수 있다. 예를 들어 한국 문화에서 매우 중요한 가치 가운데 하나는 '나이'이다. 우리나라에서는 나이를 매우 중요한 가치로 여기지만 세상에는 그렇지 않는 나라도 많이 있다. 한 문화 안에서 중요하게 여겨지는 가치를 알아내는 것은 행동 양식을 알아내는 데 비해 상당히 어려운 일이다.

세 번째, 믿음(belief)은 가치에 지대한 영향을 주는 요인이다. 믿음은 어떤 문화 안에서 사람들이 공유하는 절대적인 의미를 말한다. 이런 믿음은 오랜 기간 그 문화 안에서 받아들여졌기 때문에 쉽게 변화하지 않는다. 그리고 믿음은 가치에 영향을 미치기 마련이다.

마지막으로, 세계관(world-view)은 어떤 문화 안에서 그 사회를 구성하는 기본적인 틀을 가리키며 대부분 종교와 깊은 관련이 있다. '이 세상은 어떻게 만들어졌는가, 사람은 어디서 왔는가, 죽으면 어디로 가는가' 등의 질문에 해답을 주는 것을 세계관이라고 한다.

한국의 외과 의사가 중동 지역에 위치한 A국의 병원에서 현지 의사들과 함께 일하고 있었다. 어느 날 그는 현지 의사 한 명이 자기 환자와 통화하는 것을 들었다. 그날 오후에 수술받기로 되어 있던 환자였는데, 그 내용이 이상했다.

"오늘 우리 집에 멀리서 오는 손님이 있어서 당신의 수술을 내일로 미뤄야 할 것 같습니다."

만약 당신이 이런 전화를 옆에서 듣게 되었다면 그 외과 의사를 어떻게 생각하겠는가. 대부분의 한국 사람들은 불성실하다든지 책임감 없는 사람이라면서 부정적으로 여길 것이다. 더 심한 사람은 아예 의사 자격을 박탈해야 한다고 주장할지 모른다.

하지만 A국 사람들의 문화를 심도 있게 살펴보면 달리 생각할 수 있다. A국 사람들에게는 손님 접대가 가장 중요한 가치로 여겨지기 때문이다. 만약 그가 의사로서 환자를 치료한다는 핑계로 멀리서 온 손님 대접을 소홀히 했다면, 그는 예의 바르지 못한 사람으로 지탄받을 것이다. 마치 우리나라에서 아무리 지위가 높거나 능력을 가지고 있어도 자기보다 나이 많은 사람을 존중하지 않을 때 사회적 지탄을 받게 되는 것과 같은 이치다.

A국의 이러한 문화는 종교적 가치관에서 비롯됐을 가능성이 높다. A국 사람들은 손님 접대를 마치 천사를 대접하는 것과 같이 생각하는데, 그것은 유대인들의 가치관과도 유사한 것이다. 구약 시대의 유대인들은 A국 사람들과 비슷한 생각을 가지고 살았다. 창세기에도 아브라함이 손님을 대접하려다가 천사를 대접하게 된 이야기가 나온다(창 18:1-8). 아브라함이 텐트 앞에 있을 때 몇 명의 나그네가 지나는 것을 보았고, 그 사람들을 자기의 텐트로 불러들여 맛있는 음식을 대접했다. 그들에게 어떤 천사의 표시가 있는 것을 보아서 초대한 것이 아니다. 그 당시엔 어떤 나그네라도 자기 집으로 초대하는 일이 일반적이었던 것이다.

간혹 아브라함의 이야기가 지금으로부터 4천 년 전

의 일인데 오늘날에도 유효하겠느냐고 의문을 던지는 사람도 있을 것이다. 하지만 지금도 손님 접대가 중요한 가치로 여겨지는 사회가 존재한다. 언급하였듯 중동에 위치한 A국 사람들의 세계관은 유대인들의 세계관과 유사하다. 따라서 이들은 하나님이 천사를 보내실 수 있다고 굳게 믿는다. 이렇게 사정을 알고 보니, 처음 A국 의사가 환자에게 전화한 이야기를 들었을 때의 느낌이나 판단을 수정해야겠다고 생각하는 독자들이 적지 않을 듯하다. 이 일화를 앞선 문화의 4층 구조 모델을 통해 다시 정리하면 다음과 같다.

> **행동 양식**: A국 의사는 손님을 접대하기 위해서 환자의 수술을 다음날로 미룬다.
> **가치**: 손님 접대는 그 사회에서 어떤 것보다 우선되어야 한다.
> **믿음**: 하나님께서 손님을 가장해서 자기 집에 천사를 보낼 수 있다고 믿는다.
> **세계관**: 유대인들이 구약 시대에 가지고 있었던 것과 매우 비슷한 이슬람식 세계관을 소유하고 있다.

문화라는 이름의 함정

타 문화권이란 자신이 속한 문화와 여러 면에서 다른 규칙을 접하는 공간이다. 그런데 처음에는 신기하고 재미있게만 느껴지던 상황도 시간이 지나면서 점점 힘들어지는 것이 사실이다. 만약 우리가 짧은 기간 여행하는 경우라면 그저 약간의 어려움만 경험하고 다시 돌아오기 때문에 그 심각성을 크게 느끼지 못할 수도 있다. 하지만 장기간 타 문화 안에 머문다면 생각보다 심각한 문제에 봉착할 수 있다.

문화 충격

타 문화 안에서 장기간 있어야 하는 사람은 익숙하지 않은 곳에서 머물러야 한다는 생각으로 스스로 알지 못하는 사이에 매우 큰 충격을 겪게 되는데, 이것을 '문화 충격'이라고 부른다. 처음에는 흥분하면서 큰 기대감을 품었으나 마치 커플들이 신혼 후에 단조로움을 넘어 갈등의 시기를 겪듯이, 선교사들도 시간이 지나면서 타 문화에 대한 부정적 생각들을 갖기 시작한다. 이를 극복하지 못하면 그는 타 문화 상황에 존재하기가 어려워진다. 하지만 많은 사람은 타 문화에서의 이런 어려움을 잘 극복한다. 마치 갈등을 겪는 부부들이 서로에게 적응하려고 노력한 결과 성공적인 적응의 단계로 나아가는 것처럼, 선교사들도 점차 현지 문화의 긍정적인 면들을 보려고 노력하며 마침내 적응에 성공한다.

누구나 수영을 배우기 전에는 물이 두렵다. 하지만 물에 익숙해지고 수영할 수 있게 되면 물은 두려운 것이 아니라 즐거운 놀이를 떠올리게 하는 매개물이 된다. 타 문화도 이와 같다. 밖에서 구경하지 말고 그들의 삶 가운데 들어가 함께 지내면 훨씬 편안함을 느낄 수 있다. 이것이 문화 충격을 줄이는 좋은 방법이다.

자문화 중심주의

문화가 다를 때 사람들은 쉽게 오해할 뿐만 아니라 자문화 중심주의를 드러내기 쉽다. 자문화중심주의란 타 문화의 요소를 자기가 지닌 규칙에 따라 판단하는 것을 뜻한다. 실제로 더럽다, 슬프다, 재미있다고 하는 기준이 타 문화에서는 우리와 다를 때가 많다. 숟가락으로 밥을 먹는 한국 사람들의 눈에는 맨손을 사용하는 인도네시아 사람들이 불결해 보일 것이다. 하지만 인도네시아 사람들이 오히려 한국 사람들을 불결하다고 생각한다는 것을 알면 놀라지 않겠는가. 사실 불결하다는 것은 매우 주관적인 판단일 뿐이다. 그런데 자문화 중심주의는 일상생활에서만 일어나는 것이 아니다. 우리의 신앙생활에서 어떤 것을 경건하다고 말하는가도 이에 연관되는 것이다.

네덜란드에서 신학을 공부하던 어느 한국 목사가 하숙집에 머물고 있었다. 그 하숙집 여주인은 경건한 그리스도인이라면 주일에 절대로 일이나 공부를 하지 말아야 한다고 생각했다. 그런데 한국 목사가 시험 때라 주일에 공부를 하다가 그 여주인에게 발각됐다. 여주인은 한국 목사에게 어떻게 경건한 목사가 주일에 공부할 수 있느냐고 따져 물었다. 그런데 목청을 높이는 여주인 손엔 담배가 들려 있었다. 그리스도인이 주일에 공부하는 것과 담배를 피우는 것 가운데 무엇이 더 문제라고 생각하는가?

타 문화 속에서 복음 전하기

앞에서 선교란 타 문화 속에서 주의 복음을 전하는 것이라고 정의했다. 복음은 저절로 사람들 앞에 드러나는 것이 아니라 누군가에 의해서 다른 사람에게 전달되는 것이다. 선교를 일반적인 의사소통 과정으로 보면 더 잘 이해할 수 있다.

수신자를 이해시켜라

일반적으로 의사소통을 구성하는 네 가지 요소는 다음과 같다. 첫째, 발신자(sender)란 메시지를 전달하는 사람을 말한다. 선교 현장에서 발신자는 복음을 전하는 선교사를 가리킨다. 둘째, 수신자(receiver)란 메시지를 받는 사람을 말한다. 선교 현장에서 수신자는 선교사의 메시지를 듣는 사람이다. 셋째, 메시지(message)란 발신자가 수신자에게 전하려는 내용을 말한다. 선교 현장에서는 영광스러운 복음이 메시지에 해당한다. 넷째, 미디어(media)란 메시지를 전달하기 위해서 동원되는 수단을 말한다.

만약 어떤 초등학교 1학년 철수가 반 친구 영희를 좋

아한다고 하자. 하지만 한 번도 좋아한다고 표현하지는 못 했다. 그러던 어느 날 좋은 기회가 찾아왔다. 철수가 아침 일찍 등교했는데 교실에 아무도 없고, 자기가 좋아하는 영희만이 혼자 창가에 서서 정원에 핀 꽃을 감상하는 것이다. 철수는 살금살금 다가가서 발로 영희를 차 주었다. 이런 상황에서 영희는 어떻게 반응할까. '아, 내가 이렇게 꽃을 감상하는데 갑자기 다가와서 발로 한 대 차는 것을 보면 얘가 나를 정말 좋아하는가 보다'라고 생각할 여자아이는 아마도 없을 것이다.

철수가 이런 행동을 한 데는 나름대로 이유가 있다. 자기 집에서 그렇게 해왔다. 아빠가 직장에서 돌아왔을 때 아이가 게임에 열중하고 있으면 아빠는 발로 아이를 툭 친다.

"이놈, 게임하느라 아빠한테 인사도 하지 않네."

반대로 자기가 집에 돌아왔을 때 아빠가 열심히 축구 구경을 하고 있다면 자기도 아빠를 발로 툭 친다.

"아빠! 또 축구 구경하네."

하지만 영희의 집에서는 관심과 사랑을 나타내기 위해서 발로 다른 사람을 차는 일은 절대로 하지 않는다. 그러니 갑자기 한 대 맞은 영희가 철수로부터 좋아한다는 메시지를 전달받기란 불가능하다. 아마도 영희는 철수가 평소에 자기를 얼마나 싫어했으면 아무도 없을 때 와서 한 대 때릴까 하고 부정적으로 생각할 것이다.

철수의 의사소통은 실패했다. 자기에게만 익숙한 방식으로 표현했기 때문이다. 이런 것을 발신자 중심의 의사소통이라고 한다. 철수가 성공적으로 의사를 전달하려면 영희의 방식을 알아야 한다. 예를 들어, 영희가 평소에 사탕을 좋아한다는 사실을 미리 알았다면 철수는 가방에 사

탕을 가지고 다니다가 아무도 없을 때 영희에게 줄 수
도 있었다. 요컨대 발신자가 아무리 강력하게 메시지
를 보낸다 해도 수신자가 달리 해석하면 그 의사소통
은 실패한 것이다.

역동적 등가

위에서 이야기한 의사소통 이론에서 발신자가 수신
자 중심으로 소통하는 것을 선교적으로 설명하면 '상
황화한다'고 말할 수 있다. 상황화란 선교사들이 현지
인들의 문화를 배워서 그 문화에 어울리는 복음의 옷
을 입히는 것을 의미한다.

성경에는 예수님이 광야에서 5천 명에게 떡을 나누
어 주었다고 기록되었다. 이 '떡'은 영단어 'bread'를
옮긴 것인데, 예수님이 나누어 주신 떡이 우리 식 쌀떡
이 아니라 밀가루 혹은 보릿가루로 만든 빵임은 오늘
날 널리 아는 사실이다. 하지만 조선에 들어온 선교사
들이 '빵'이라는 단어를 새롭게 사용했다면 당시 조선
사람들은 이 구절을 이해할 수 없었을 것이다. 왜냐하
면 조선시대에는 서양식 빵이란 것이 없었기 때문이
다. 이때 빵이라는 단어를 새롭게 소개하는 대신 조선
사람들에게 이미 익숙한 떡으로 번역하는 것을 역동
적 등가(dynamic equivalent)라고 한다.

선교사들은 성경을 번역하면서 사역지의 언어에서

동일한 단어를 발견할 수 없을 때 고민에 빠진다. 새로운 단어를 현지 사람들에게 소개해 줄 것인가, 아니면 의미가 똑같지는 않지만 그 사회에서 이미 사용되는 단어로 대체할 것인가 하는 것이다. 이때 똑같지는 않지만 비슷한 의미의 단어로 대체하는 것이 바로 역동적 등가다.

상징 빼앗기

앞서 '흩어진 사람들'이 안디옥의 헬라인들에게로 가서 주 예수를 전했다고 하는 성경 말씀에서 설명한 바 있던 상징 빼앗기도 역동적 등가에 포함된다.

타 문화에서 사용하는 종교 용어들을 굳이 폐기할 필요는 없다. 오히려 그들의 용어를 사용하는 것이 기독교를 이질적으로 보이지 않게 하는 중요한 요인이 된다. 마찬가지로 한국의 기독교 용어 중에는 불교에서 온 것들도 많이 있다. 예를 들어 '기도'가 그렇다. 기도는 기독교인들만 하는 것이 아니며 절에서도 기도를 한다. 다만 우리와 조금 다른 형태를 지녀서, 불교에서 기도할 때는 사람들의 생년월일을 언급하는 것이다. 아마도 절에 다니던 사람들이 새로 교회에 왔을 때 기도하라고 하면 불교식으로 할지 모른다. 하지만 같은 용어를 사용하므로, 하나님께 자신이 기도드릴 수 있다는 확신을 주고 그 의미를 짚어 보도록 이끄는 데는 전혀 문제가 없다.

성경에는 또한 '제사'라는 말이 많이 등장한다. 일반적으로 제사는 대추와 곶감 등을 차려 놓고 향을 피우고 절하는 것을 가리키지만, 성경이 말씀하는 제사는 그와 다르다. 다만, 유교를 신봉하는 일반 사람들이 사용하는 제사라는 단어를 가져다 씀으로써 성경의 내용을 보다 친숙하게 이해시킬 수 있다.

혼합주의

그런데 상황화에서 주의할 것이 바로 혼합주의다. 혼합주의란 기독교의 형식만 전달되거나 믿음이 왜곡된 의미로 전해지는 것을 말한다. 즉 기독교의 모양을 띠었으나 그 내용에선 과거의 신앙이 그대로 유지되는 것을 가리킨다. 가장 대표적인 예로, 외국의 종교 관행을 그대로 가져오는 경우가 있다. 예를 들어 선교지의 성탄절 행사를 생각해 보자. 선교지에서든 본국에서든 성탄절 메시지의 중심은 그리스도가 세상에 구주로 오셨다는 것이다. 하지만 오늘날 많은 곳에서는 혼합주의의 모습으로 성탄절을 기념한다.

우리 주변에서 흔히 발생하는 혼합주의는 어마어마한 모양으로 등장하지 않는다. 그것은 사소하고 자칫 흘려보내기 쉬운 형태로 숨어 있다. 예를 들어, 기도에 대한 가르침을 잘못 알고 기도하는 것이야말로 가장 혼합주의적인 것이다. 예수님이 주기도문에서 가르쳐 주신 것처럼 기도를 통해 하나님의 나라가 임하고 그의 이름이 거룩하게 여김을 받는 것이 중심이 된다면, 그는 자기에게 주어진 작은 일용할 양식에 만족하고 다른 사람들이 자기에게 잘못한 것을 사해 주는 아름답고 힘 있는 그리스도인의 삶을 살아갈 것이다.

하지만 그의 세계관이 자본주의 가치관으로 가득 차 있다면 그에게 가장 확고한 믿음은 '돈으로 무엇이든 할 수 있다'일 것이며, 그에게 기도란 하나님께 자신이 원하는 것을 채우기 위해서 비는 행위에 불과할 것이다. 모양은 기독교이더라도 실제 내용은 무속 신앙에서의 기도와 별로 다르지 않은 것이다.

현지인의 옷을 입어라

현지에서 전하려는 메시지 못지않게 중요한 의사소통의 요소가 바로 메신저다. 선교사가 현지인들에게 어떻게 보이느냐는 그가 전하는 메시지의 신뢰성을 좌지우지하기 때문이다. 선교사들은 무엇보다 현지의 언어와 문화를 제대로 이해하고 존중해야 한다.

성육신의 원리

선교사가 현지의 언어와 문화를 습득하는 가장 좋은 방법은 그곳에서 태어나는 것이겠다. 하지만 그렇지 않은 경우가 대다수다. 필자는 선교지에 가기 전에 국립세무대학에서 10년 가까이 회계학을 가르쳤다. 그래서 전문적인 지식을 가르치고 전하는 데 매우 익숙한 편이었다. 하지만 1년간 새롭게 배운 인도네시아어로 인도네시아 학생들에게 회계학을 가르치기 시작하자 전혀 기대하지 않던 상황이 벌어졌다. 사실 대학 교수가 학생들에게 큰소리치는 것은 학생들에게 전공 용어를 사용하여 전문적으로 가르칠 수 있기 때문이다. 그러나 내가 학생들보다 현지의 전공 용어를 모른다는 것을 실감하면서 스스로 급격히 위축되었다. 강의실로 들어설 때마다 마치 도살장으로 끌려가는 소 같은 느낌이 들었다.

문화적인 실수도 많이 했다. 학생들이 나에게 예의로 한 말을 진짜로 알아듣고 그들이 원치 않는 방식으로 행동하기도 했다. 학생들은 말뜻을 이해하지 못하는 나에 대해 여러 번 실망했다고 고백했다. 일상의 소소한 일도 문제가 되었다. 인도네시아 학생들은 지각을 하면 강의실로 들어오지 않고 밖에 서서 강의실 문을 두드린 채 가만히 서 있다. 교수에게 허락을 받아야 들어올 수 있다고 생각하는 것이다. 하지만 지각한 학생이 문을 두드리며 내가 가서 문을 열 때까지 기다리는 것이 내게는 수업의 흐름을 끊는 나쁜 일로 생각됐다.

문화를 이해하지 못하고 현지어를 자유롭게 구사하지 못하며 고민할 때, 예수님께서 우리 가운데 어린 아기로 오셨다는 성육신의 이야기는 큰 위로가 되었다. 예수님이 우리 가운데 어린 아기로 나셨음은 매우 중요한 메시지다. 아무리 똑똑한 아이라 해도 아이로서 할 수 있는 일은 극히 제한적이다. 그런데 예수님이 아무것도 할 수 없는 어린아이로 우리에게 오셨다는 것이다.

예수님이 만약 사역의 효과만을 생각했다면 어른으로, 그것도 슈퍼맨으로 오셨어야 했다. 그러면 도착하신 그날부터 당장 할 수 있는 일이 많았을 것이다. 예를 들어 상암 축구경기장에 10만 명을 모아 놓고 병을 고쳤다면 예수님은 당장 전 세계의 주목을 받으셨을 것이다. 헌금을 하겠다는 사람들도 많이 나왔을 것이다. 하지만 주님은 그렇게 하지 않으셨다. 그는 엄마 품에 안겨 젖을 먹고 배설한 것을 누군가 치워 주어야만 하는 어린 아기로 오신 것이다.

예수님은 이 땅에서 어린 시절을 보내셨다. 성경은 그분의 키가 자라며 지혜가 자랐다고 기록한다.

> 아기가 자라며 강하여지고 지혜가 충만하며 하나님의 은혜가 그의 위에 있더라(눅 2:40)

누가복음에 나타난 예수 그리스도의 성장 과정에 대한 기록은 예수님이 보통 사람처럼 자라셨음을 말해 준다. 세 살 정도 되는 아이들의 행동을 유심히 관찰해 보자. 아기들이 천방지축처럼 보이는 것은 적절한 규칙을 모르기 때문이다. 우리 주님이 그런 과정을 겪으셨다는 것은 참으로 놀라운 겸손이 아닐 수 없다.

대부분의 아이들은 어떤 상황에서 어떻게 하는 것이 적절한 행동인지를 잘 모른다. 아기들은 자라면서 자기 문화 안에서 언어를 배우고 규칙을 배워 가는 것이다. 예수님도 유대인의 한 가정에 철모르는 아기로 태어나셨다. 그리고 인간의 언어와 문화를 익히셨다.

동일시하기

이미 장성해서 선교지로 가는 사람들에게는 성육신의 과정이 그곳에 태어나서 어린 시절부터 자연스레 문화를 익혀 온 이들에 비해서 무척 힘

들고 고통스럽다. 게다가 우리는 아직 언어도 서툴고 문화도 잘 모르는데, 선교지 사람들은 우리에게 나름의 역할을 기대할 수도 있다. 예를 들어, 잘 살고 기술이 발달한 곳에서 온 선교사들을 현지인들은 부자거나 많이 배운 사람으로 생각하기 쉬우며, 자신들에게 경제적 유익을 줄 수 있으리라고 기대하기도 하는 것이다.

이런 선교지 상황에서 가장 좋은 것은 현지인들과 동일시되는 것이다. 개신교 선교 역사에서 동일시를 가장 잘한 선교사는 중국내지선교회를 시작한 허드슨 테일러(Hudson Taylor)다. 중국에 도착한 후, 그는 선교사들이 서양 옷을 입고 서양식으로 살면서 중국인에게 다가가기는 어렵다는 사실을 깨닫게 되었다. 그래서 테일러는 청나라 사람들처럼 옷을 입고, 머리를 기르고, 앞머리를 밀어 변발하는 관습을 따라했다.

이렇게 동일시하려는 노력을 보일수록 현지인들은 선교사들을 더 많이 수용해 준다. 중국내지선교회 소속 선교사들은 당시로선 외국인들의 출입이 좀처럼 없었던 윈난, 스촨, 신장, 몽골 지역까지 들어가 현지인처럼 살며 그들에게 복음을 전했다. 오늘날도 그 지역의 많은 가정교회 리더들 중에는 당시 자기 고향에 와서 자신들처럼 하고 지내던 중국내지선교회 소속 선교사들로부터 복음을 듣고 예수 그리스도를 따르게 되었다고 고백하는 사람들이 많다.

동일시는 외모를 따라하는 데서 그치지 않는다. 그들의 삶의 수준에 맞추어서 사는 것이 중요하다. 선교사들이 아무리 그들과 같아지려고 노력해도 외국인이라는 사실로 인해 자신들보다 훨씬 나은 삶을 살고 있다고 간주될 수 있다. 필자가 인도네시아의 교수 사택에서 살 때도 다른 교수들은 모두 우리를 부자라고 생각했다. 우리 가족이 비행기를 타고 한국에서부터 인도네시아까지 올 수 있었으니 그렇다는 것이었다.

아무리 현지인처럼 되려고 해도 우리가 외국인이란 사실은 금방 드러나게 되어 있다. 어떤 인디언 마을에서 사역하던 미국 선교사가 비오는 날 현지인들이 쓰는 우비를 입고 여인숙에 들어가자 주인이 얼른 외국인인 것을 알아차리고 영어식으로 인사를 했다고 한다. 선교사가 놀라 주인에게 어떻게 알았느냐고 묻자, 주인은 걸음걸이가 이곳 사람들과 다르다고 말해 주었다. 현지인들은 어릴 때부터 지게를 지고 다녀서 어른이 되었을 때 허리가 굽지만, 미국 선교사는 허리를 굽히지 않은 채 여인숙으로 꼿꼿이 걸어 들어갔던 것이다. 따라서 우리가 현지인과 동일시하려고 노력하는 한편으로, 그들처럼 될 수는 없음을 인정하는 것도 겸손한 태도이다.

선교사는 배우는 사람

대부분의 현지인들은 선교사가 어떤 사람인지 잘 모른다. 따라서 현지인들은 자신들이 그 사회에서 만나는 사람들과 선교사를 동일시하려고 할 것이다. 현지인의 눈에 비친 선교사의 모습은 대개 다음 두 가지 모델 가운데 하나로 보인다.

먼저, 선교사는 현지인들에게 뭔가를 열심히 가르치려고 한다. 이런 선교사를 현지인들은 '선생님'이라고 생각할 것이다. 교실에 선 선교사는 아이들에게 자기만 아는 것을 일방적으로 떠드는 사람으로 보인다. 시장에서라면 현지인은 선교사를 자기 동네에 물건을 팔러만 온 사람으로 생각할 것이다. 그런데 그 사회에선 시장에서 팔기만 하거나 사기만 하는 사람은 없다. 모두 자기의 물건을 가지고 시장에 나와 물물교환을 한다. 그러니 팔러만 온 사람에게 호의적일리는 만무하다. 또 법정에서는 선교사를 무언가 잘못한 사람을 정죄하는 고소인과 같다고 생각할 것이다. 만약 선교지에서 선교사가 이처럼 교사로 받아들여지면 복음을 제대로 전하기가 쉽지 않다. 하지만 또 다른 역할을 맡는다면 좀 다르다.

만약 선교사가 현지인으로 말하도록 하고 자신은 듣는다면, 현지인들은 선교사를 뭔가 배우러 온 '학생'으로 생각할 것이다. 그리고 대개 사람들은 뭔가 배우려는 사람에게 마음의 문을 쉽게 연다. 만약 시장에서라면 자기들과 같이 물건을 교환하러 온 사람이라고 생각할 것이다. 그리고 선교사는 자기의 물건을 일방적으로 강요하는 것이 아니라, 현지인의 물건에 대해서 듣고 또 자기의 물건도 설명하는 모습을 보일 것이다. 법정에서라면 선교사를 어떤 일에 대해서 증언하는 사람이라고 생각할 것이다. 선교지에서 선교사가 이런 역할로 받아들여진다면 복음은 훨씬 수월하게 전달된다.

하나님 문화로의 변혁을 일으키다

선교의 목표는 단순히 선교사가 현지 문화를 잘 이해하고, 그 문화를 따라하며, 복음에 그 문화의 옷을 입혀 전달하는 데서 그치지 않는다. 우리의 목표는 선교지의 문화 안에 변혁을 일으키는 것이다. 타 문화의 모든 요소를 상대주의적으로 받아들여서는 곤란하다. 각 문화 안에는 하나님께서 기뻐하시는 요소와 더불어 기뻐하시지 않는 요소들도 있다. 선교를 통해 복음이 그 문화 안에 들어감으로써 기존 문화의 일부가 하나님의 기뻐하시는 내용으로 변화되는 일이 반드시 일어나야 한다.

18세기 말 인도에 선교사로 간 윌리엄 캐리는 남편이 죽자 살아 있던 부인을 같이 생매장하는 광경을 보고 깜짝 놀랐다. 윌리엄 캐리는 아무리 인도의 오랜 문화일지라도 그것은 성경에 맞지 않으며, 살아 있는 생명을 어떤 형태로든 죽여선 안 된다는 말씀에 위배된다고 가르쳐야만 했다. 사도 바울이 당시 타락한 로마 사회 현실을 생각하며 전했던 말씀은 우리에게 더욱 생생하게 울려온다.

> 너희는 이 세대를 본받지 말고 오직 마음을 새롭게 함으로 변화를 받아 하나님의 선하시고 기뻐하시고 온전하신 뜻이 무엇인지 분별하도록 하라(롬 12:2)

인도네시아에 사는 '무하마드'라고 하는 무슬림 형제가 주님을 영접했다. 그에게 복음을 전해 준 미국 선교사는 몇 개월 동안 무하마드와 성경 공부를 한 후 그에게 세례를 주고 싶어졌다. 문제는 세례를 줄 때 "내가 예수를 믿는 무하마드에게 성부와 성자와 성령의 이름으로 세례를 주노라"라고 해야 하는데, 무하마드란 이름이 이슬람 종교의 느낌을 갖게 하는 것이 마음에 걸렸다. 그래서 미국에서 세례를 줄 때 기독교 식 이름을 새롭게 주는 것처럼 무하마드에게도 '리처드'라고 하는 이름을 주었다. 세례를 받고 난 후에 무하마드의 이름은 리처드로 바뀌었다.

리처드는 예수를 믿었다는 이유로 더는 가족들과 살 수 없게 되었다. 그래서 미국 선교사의 집에 머물면서 집안일도 돕고 성경도 배우며 함께 지냈다. 리처드는 똥꼴이라는 생선을 무척 좋아했다. 똥꼴은 작은 생선인데, 맛은 좋지만 튀길 때 비린내가 심하게 났다. 리처드가 한 번 집에서 똥꼴을 구워 먹었는데도 미국 선교사는 그 비린내를 도저히 참을 수가 없었다. 그래서 리처드에게 절대로 집에서 똥꼴을 튀겨 먹지 말라고 부탁했다. 그렇게 하겠다고 약속했지만 리처드는 어릴 때부터 먹었던 똥꼴을 먹고 싶어 죽을 지경이 되었다. 하지만 하나님께서 피할 길을 주셨다.

미국 선교사가 사역을 위해 깔리만딴이라는 섬에서 한 달을 보내고 오겠다며 집을 떠났던 것이다. 리처드는 이것이 똥꼴을 구워 먹을 수 있는 절호의 기회라고 생각했다. 그동안 똥꼴을 먹고 싶어 죽을 것 같았던 리처드는 미국 선교사가 없는 동안 매일 똥꼴을 맛있게 구워 먹었다. 리처드는 25일 동안 똥꼴을 구워 먹다가 미국 선교사가 돌아오기 전 5일 동안엔 똥꼴을 먹지 않고 환기시키며 집안에서 생선 냄새가 나지 않게 하려는 계획을 세웠다. 하지만 인생이 우리의 계획대로 되는 것은 아니다.

30일 후에 귀가할 것으로 예상했던 미국 선교사는 예정한 날짜보다 일찍 집으로 돌아왔다. 미국 선교사는 집안에 들어서자마자 풍기는 똥꼴 냄새에 불쾌감이 밀려왔다. 그래서 리처드를 불러서 똥꼴을 먹었는지 물었다. 리처드는 똥꼴을 먹지 않았다고 딱 잘라 말했다. 미국 선교사는 리처드가 요리하는 주방에 가 보았고, 그곳에서 아직 프라이팬에 남아 있는 똥꼴을 발견했다. 똥꼴을 본 미국 선교사는 이것이 똥꼴이 아니고 뭐냐고 리처드에게 물었다. 그러자 리처드는 서둘러 대답하는 것이다.

"이건 뜽기리입니다."

뜽기리 역시 생선인데, 똥꼴과는 달리 길쭉한 데다 요리를 해도 비린내가 별로 나지 않는다. 미국 선교사는 인도네시아에 오래 있었기 때문에 똥꼴과 뜽기리를 구분할 수 있었는데, 그의 눈앞에 있는 것은 분명히 작고 통통한 똥꼴이었다. 선교사는 이 생선이 뜽기리가 아니고 똥꼴이라도 말해 주었다. 그러자 리처드는 당황하면서 이렇게 둘러대는 것이었다.

"아, 전에는 이게 똥꼴이었습니다. 하지만 제가 요리하기 전에 똥꼴에 물을 붓고 뜽기리로 이름을 바꾸어 주었습니다. 이제는 똥꼴이 아니라 뜽기리입니다."

똥꼴에 물을 붓고 이름을 바꾼다고 해서 뜽기리가 되는 것은 아니다. 현지 문화의 세계관으로 이미 굳어진 사람에게 세례를 주고 세례명을 하나 더 붙여 준다고 해서 변화가 일어나지는 않는다. 다만 누군가 예수 그리스도를 주로 시인하고 세례 받는다면 회심이 시작되었다고 볼 수 있는 것이다. 하나님의 말씀이 신자의 삶 속에서 많은 갈등과 투쟁을 통해 하나님의 세계관과 가치관으로 변해 가는 과정은 반드시 필요하다.

개종은 짧은 시간에 일어날 수 있지만, 그리스도의 제자가 되고 그분의 말씀에 자신을 복종시키는 회심의 과정은 길다. 때로는 하나님의 말씀 앞에서 자신이 품고 살던 가치관, 믿음, 세계관을 부인해야 하는 고통스러운 과정이다. 예수님께서는 모든 민족에게 가서 세례만 주고 끝내라고 하신 것이 아니라, 예수님이 분부한 것을 가르쳐서 주의 계명을 지키는 주의 제자를 삼으라고 말씀하셨다.

01

주변 사람과 문화적 차이(행동 양식, 가치, 믿음, 세계관)를 느꼈던 경험을 나누어
봅시다.

02

타인과의 문화적 갈등을 해결하고 그 격차를 줄여 나갔던 경험이 있습니까?

03

선교 현장에 파송된 선교사들은 문화 충격을 극복하고 복음을 전하기까지
적지 않은 시간과 노력을 들입니다. 선교사들이 지혜롭게 이 일을 감당하는
데 평신도로서 우리가 도울 수 있는 방법에는 무엇이 있을까요?

04
___

외국인과의 교제를 통해 문화의 장벽을 경험한 적이 있습니까?

05
___

국내에 체류하고 있는 외국인 근로자 또는 유학생들에게 복음을 전하고자
할 경우, 바람직한 접근법으로는 무엇이 있을까요?

06
___

한국 교회는 외국 많은 선교사들의 유입으로 서양 및 미국적 문화 요소와 한
국의 전통적 무속 신앙의 요소가 섞여 있는 특징이 있습니다. 무엇이 그러한
문화에 해당할까요?

07

어떻게 선교에
동참할까?

온누리 2000선교본부

하나님께서는 우리가 평생 선교사적 삶을 살기를 원하신다. 타 문화권에 직접 가서 사역하든지 그렇지 않든지에 상관없이 보내심을 받은 자로서의 삶을 살기 원하신다. 그러기 위해서는 몇 가지 따라야 할 것들이 있다.

첫째, 우리의 인생 목표와 방향을 하나님께만 맞추고 살아가야 한다. 하나님은 이 땅의 모든 피조물로부터 영광 받기에 합당하신 분이다. 우리는 어느 곳에 있든지, 무슨 일을 하든지 하나님 한 분만 영광 받으시도록 해야 한다.

둘째, 순종하는 삶을 살아야 한다. 내가 지금 처한 상황과 환경이 어떠하든지 간에 하나님께서 그분의 영광을 위해 행동하라 말씀하시면 주저하지 않고 순종의 길을 선택해야 한다. 지금 당장 하나님께서 당신을 선교사로 부르시지 않았다면, 국내에서 열심히 생활하면서 세계 선교 활성화를 도와야 한다. 그러던 중 하나님께서 타 문화권 사역을 위해서 나서야 할 때라고 말씀하시면 그 말씀에 따라야 한다. 나의 계획과 필요가 아니라 하나님의 계획과 필요에 따라 부르심에 반응하는 것이 바로 순종하는 삶이다.

셋째, 준비하는 삶을 살아야 한다. 하나님께서 부르실 때 언제든지 순종할 수 있도록 자신을 준비하는 것이다. 타 문화권 사역을 위해 새로운 언어와 문화를 배우고, 세계사의 변화와 선교 상황의 변화에 대해서 민감하게 반응하도록 한다.

넷째, 현장에서 타 문화권 사역에 참여해야 한다. 꼭 국외 선교사로 파송되지 않아도 국내에 있는 외국인 노동자나 유학생들을 위한 사역에 참여할 수 있다. 선교 단체를 돕거나 내가 속한 지역 교회에서 선교 관련 사역 기관을 섬길 수도 있다.

이와 같이 끊임없이 보내심을 받은 자로서의 의식을 유지하는 것이 중요하다. 그리스도인은 이 세상에 나그네로서 살기 위해 보내심을 받았고, 그 나그네의 삶 가운데서 하나님의 축복의 통로가 되도록 창조되고 선택되었다. 우리는 이 의식으로 충만해야 하며, 그리스도인의 이중적 정체성을 항상 확인해야 한다. 나그네로 살지만 보내심을 받은 자, 온 세상을 품고 있지만 현실에서 최선을 다하는 자, 동일 문화권에 살고 있지만 문화를 넘어 성육신적 삶을 사는 자의 정체성을 가져야 한다. 이중적 정체성 사이에서 자유로울 수 있을 때 우리는 보내심을 받은 선교사의 삶을 성공적으로 살아갈 것이다. 이것이 바로 평생 선교사로서의 삶이다.

선교 헌신, 한 영혼을 획기적으로 바꾼다

삶 가운데 선교에 대한 마음이 생기기 시작했는가? 그렇다면 당장 선교지로 나갈 수 있는 상황은 아니지만, 언젠가 부르심에 대한 확신이 오거나 환경이 열린다면 선교사로서의 삶도 생각해 볼 것이다. 그러면 지금 당장 우리는 무엇을 해야 할까? 또 선교사로 꼭 나가지 않더라도 현재 처한 상황에서 어떻게 선교에 동참할 수 있을까? 과연 나의 선교로의 부르심은 어디이며, 하나님의 선교에 동참하기 위해서는 어떠한 태도로 임해야 하는가?

많은 경우, 선교에 관심 있는 사람들의 일차적 관심은 '하나님께서 나를 어떤 나라로 부르실까? 미전도 종족으로 부르셨을까?' 혹은 '언제 선교사로 나가는 것이 제일 좋을까?', '어떤 단체에 소속되는 것이 유리할까?' 하는 것이다. 그러나 선교사로서의 삶을 준비하는 과정에서 진짜 필요한 질문은 이러한 것이 아니다. '내 삶이 온전히 하나님께 사로잡혔는가?', '나는 어떤 목표를 향해 나아가는가?', '나는 하나님의 부르심에 순종하는 삶을 살고 있는가?', '나는 현재의 위치에서 최선을 다하면서도 다음 단계를 위해 준비하는가?', '내게는 인생 전반에 대해 적절한 도움을 받을 수 있는 조언자가 있는가?', '하나님께서 지금 나를 선교지로 부르신다면 나는 어떤 모습으로 나아가게 될 것인가?', '지금 내가 처한 곳에서 선교를 위해 할 수 있는 일은 무엇인가?'와 같은 질문이 필요하다. 지금 선교사로서의 삶을 준비하면서 어떤 질문을 하고 있는가?

가는 선교사로서의 헌신은 한 사람의 삶을 획기적으로 바꿀 수 있다. 그만큼 선교 헌신은 중요한 결정이다. 그러나 실제 선교지로 나가는 데까지 연결이 잘 되지 않는 것이 현실이다. 헌신 이후에 적절한 안내나 도움을 받지 못하고 구체적인 준비를 소홀히 한 채 시간을 보내기가 쉬운 것이다.

헌신의 결단은 마음의 방향을 바꾸는 것에 불과하다. 자신의 의지적 노력과 결단으로 헌신의 대가를 치르면서 바뀐 방향으로 걸음을 옮기며 나아가야만 선교를 시작할 수 있다. 하나님께 자신을 구체적으로 드리고자 스스로 노력하지 않는 한 변화되는 것은 아무것도 없다. 선교 헌신 자체보다도 선교 헌신 이후가 더 중요한 것이다. 따라서 '가는 선교사'로서 헌신하기로 결단했다면 선교를 위한 준비를 바로 시작해야 한다.

무엇을 준비할까?

선교 헌신자들은 시간이 지날수록 마음이 식거나 지나친 부담감을 가질 수 있다. 대학 시절에 선교 헌신을 하면, 선교사가 되는 데까지 보통 7년이 걸린다고 한다. 실제로 무엇을 준비해야 하는지도 모른 채 그저 막연히 하나님께서 모든 것을 알아서 해주시기를 기다리며 시간을 보내는 것이다. 그러나 선교 준비란 선교 훈련원에 들어가거나 선교지에 막 나가기 전에 속성으로 마치는 것이 아니다.

당장 시작할 수 있는 선교 준비 과정에는 다음과 같은 것들이 있다.

첫째, 전도와 양육 훈련을 받아야 한다. 선교는 사람을 사귀고 복음을 전하는 데서 출발한다. 개인전도 훈련, 제자양육 훈련에 집중하라.

둘째, 선교에 대해 배워야 한다. 선교 세미나, 선교 대회에 참석하여 배우고, 신학생이라면 선교학 과목을 들으라.

셋째, 언어를 준비하라. 기본적인 영어를 배우고 선교지가 정해진 후엔 해당 언어를 차근차근히 준비하라.

넷째, 선교 관련 도서를 읽어라. 최소한 12권 정도는 선교에 관련된 책을 읽어야 한다.

다섯째, 선교를 경험하라. 해외 아웃리치에 참여하거나 단기 선교를 다녀오는 것이 필요하다.

여섯째, 선교 활동에 참여하라. 선교 기도회와 선교 행사에 참여하여 선교사와 교류하며 기도하라. 또 선교 헌금을 보내라.

일곱째, 교회와 좋은 관계를 유지하라. 담임 목사 및 교회 지도자들과 선교의 비전을 나누고, 교회가 든든한 후원자가 되도록 하라.

한편 선교 헌신자에서 선교사로 가는 과정에서는 다음을 준비하는 것이 좋다.

첫째, 개인의 영성 관리가 먼저이다. 큐티와 말씀 읽기, 기도 등 개인의 영성 관리는 선교사의 기본이다.

둘째, 교회 사역을 경험하라. 교회 사역과 선교 사역은 많은 부분에서 공통된다. 교회 사역을 깊이 경험하면 선교에 큰 도움이 될 것이다.

셋째, 선교 단체와 사역지 및 선교 사역을 선택할 때는 하나님의 부르심에 따라 결정하도록 한다.

넷째, 선교 훈련을 받아라. 선교 단체에서 요구하는 선교 훈련 혹은 선교지에 가기 전에 필요한 훈련을 찾아 받도록 한다.

다섯째, 후원 교회와 후원회를 조직하라. 재정 후원을 구체화하고 중보기도 팀을 구성하라.

여섯째, 파송 단계에 이르러서는 선교지의 상황이나 모금과 기타 준비 상황을 고려하여 파송 일자를 정하고 파송 예배를 드려야 한다.

든든한 지원군 '보내는 선교사'

선교사 개인이 아무리 훌륭해도 선교는 혼자서 할 수 있는 것이 아니다. 한 명의 선교사가 나가기 위해서는 보통 10~30명의 보내는 선교사가 필요하다. 열매 맺는 선교사의 뒤에는 한결같이 그들의 사역을 후원하고 기도해 준 사람들이 있다. 미국에서는 학생 자원 운동을 통해 10만 명 이상이 선교지로 나가겠다고 자원했지만 실제로는 2만 명 정도가 파송되었는데, 그 주된 이유는 바로 보내는 자가 없었기 때문이다.

'보내는 선교사'들은 대개 자신의 일이 얼마나 중요한지 잘 인식하지 못한다. 보통 배후에서 일하고 공개적으로 인정받지 못하기 때문이다. 그러나 구약에서 다윗은 전투를 통해 중요한 원칙을 깨달았다.

> 전장에 내려갔던 자의 분깃이나 소유물 곁에 머물렀던 자의 분깃이 동일할지니 같이 분배할 것이니라 하고 (삼상 30:24)

지원군도 전투에 참가한 사람들만큼 중요한 존재라는 것이다. 그래서 다윗은 지원군에게도 똑같이 상을 주었다. 모든 그리스도인들이 주님의 지상명령에 부르심을 받았지만, 모두가 선교사로 나가는 것은 아니다. 현장에서 일하는 선교사들에게는 헌신적인 파송자, 동원가, 환대해 주는 사람, 중보기도자의 후원이 그 무엇보다도 든든한 병기이다. 우리 각자에겐 하나님께서 주신 역할들이 있다. 그러므로 복음을 전파하려는 열정은 삶에서 여러 가지 모습으로 표현될 수 있음을 알아야 한다.

보내는 선교사로서의 요건과 사역은 자발적인 것으로, 그 삶은 자신이 속한 고국의 문화 속에서 특별히 도전적이어야 한다. 그래서 가는 선교사의 사역은 타 문화적(cross-cultural)인 반면, 보내는 선교사의 사역은 반 문화적(counter-cultural)이라고 볼 수 있다. 보내는 자들에겐 정기적으로 자신들의 목적을 되새기고 그것을 망각하지 않아야 할 책임이 있다. 보내는 자에게도 선교사 못지않게 철저한 헌신과 훈련이 필요한 것이다. 따라서 보내는 자는 편안하고 안락한 생활을 추구하는 세속적 가치관의 유혹을 물리쳐야 한다. 일부는 더 많은 몫을 후원하기 위해서 현지 선교사들의 생활 방식과 유사한 삶을 택하기도 한다.

보내는 선교사의 핵심 사역은 다음과 같다.

첫째, 섬김이다. 보내는 선교사들은 선교의 최전방에서 사역하는 선교사들과 그들의 사역을 가능하게 하는 선교 단체 및 선교 사역자들과 관계를 맺고 후원하는 방법을 찾는다. 일선에서 일하는 선교사를 후원할 수 있는 창의적인 방법을 찾으라.

둘째, 헌금을 통한 물질적 후원이다. 보내는 선교사들은 특정한 전략적 목적들을 수행하기 위한 협력자 의식을 가지고 헌금을 한다. 그들은 검소한 생활을 영위함으로써 관대하게 헌금을 드릴 수 있다. 관대함은 부유함에서 나오는 것이 아니라 검소함에서 나온다. 이를 위해 지금 당장 일선 선교사를 정기적으로 후원하기 시작하라. 액수는 상관없다.

셋째, 기도이다. 보내는 선교사들은 가는 선교사들을 위해 기도하는 것이 아니라 선교사들과 함께 기도한다. 이를 통해 그들은 선교사들에게 가끔 헌금하는 수준에서 벗어나 선교 동역자 의식을 가지고 함께 일할 수 있다. 빌립보 교인들이 바울을 위해서 기도했던 것처럼 꾸준한 열정과 소망을 가지고 기도하라.

선교의 불을 지피는 '선교 동원가'

선교 동원가는 많은 사람들이 선교 훈련을 받고 선교지로 나가게 되기를 열망하면서 이 일을 비전으로 삼은 사람들이다. 많은 사람으로 하여금 세계 복음화를 완수하는 일에 비전을 갖게 하고 그 일에 참여하도록 열정적으로 '나팔'을 부는 것이다. 이러한 선교 동원가 역시 보내는 선교사와 같이 선교 사역에 참여하는 전문 사역자다.

2차 세계대전 때는 미국 인구의 10퍼센트만이 전장에 나갔다. 그리고 단 1퍼센트만이 실제로 최전선에 투입됐다. 그런데 이들이 성공적으로 임무를 수행하려면 후방 인력이 배후에서 필요한 모든 것을 공급해 주어야 한다. 그러려면 사람들에게 자신의 역할이 무엇인지 깨닫게 하는 동원이 이뤄져야 한다.

마찬가지로 선교 동원가는 선교의 필요성을 사람들에게 알리고 독려하며 선교사나 선교 사역을 섬기길 원하는 사람들을 서로 연결시킨다. 또 지역 교회가 구체적인 선교 목표를 갖고 나아가도록 각자의 영역에서 사역하는 사람들이다. 선교 훈련가, 선교 목사, 선교 상담가, 선교 행정 담당자, 선교 연구가 등이 모두 선교 동원가인 것이다.

선교 동원에는 선교 교육, 미전도 종족을 위한 조직적이고 꾸준한 기도, 선교사 지망생과 동원가들이 가장 효율적으로 일할 수 있도록 지도하는 일 등이 포함된다.

'무릎 선교사'의 기도 전략

기도가 하나님의 보좌를 움직여 응답되기 위해서는 다음의 두 가지가 필요하다.

첫째는 '불만족'이다. 내 부족함이나 거룩하지 못함의 문제인지, 또는 환경의 문제인지에 상관없이 변화가 필요하다는 절실한 욕구와 불만족 없이는 '간절하고 진실한' 기도를 드릴 수 없다.

둘째는 '믿음'이다. 우리의 기도를 하나님께서 들으시고 반드시 응답하신다는 믿음을 지녀야 한다. 기도하지 않는 이유를 여러 가지로 나열할 수 있지만, 그 근본적인 이유는 한 가지이다. 즉, 기도가 응답된다는 믿음이 우리에게 부족한 것이다.

> 믿음이 없이는 하나님을 기쁘시게 하지 못하나니 하나님께 나아가는 자는 반드시 그가 계신 것과 또한 그가 자기를 찾는 자들에게 상

열방의 민족들과 선교 사역을 위한 중보기도 역시 마찬가지다.

첫째, 열방이 처한 현실을 있는 그대로 바라볼 수 있어야 한다. 오늘날 여전히 악이 지배하고 하나님의 의가 무시되며 하나님의 이름이 영광을 받지 못하고 있다. 그 사실을 제대로 분별할 수 있는 영적인 눈이 필요하다.

둘째, 그럼에도 불구하고 하나님께서 현재의 상태를 우리의 기도를 통해서 바꾸실 수 있다는 믿음을 지녀야 한다. 주님께서 우리의 마음에 성령으로 열방을 향한 그분의 심장을 심어 주심으로, 세상이 처한 상황에 대한 거룩한 불만족과 선교지 영혼들을 위해 필사적인 탄원의 중보를 드리는 힘을 지녀야 한다.

1717년 독일의 모라비안 교도들이 시작한 기도 모임은 100년 동안 지속되었고, 그들이 활발하게 선교 활동을 수행할 수 있도록 한 가장 중요한 요인이 되었다. 1780년대 윌리엄 캐리는 자신이 직접 손으로 그린 세계지도 앞에서 삶을 잃어버린 사람들을 위해 기도드렸다. 그의 거룩한 영적 부담에서 시작된 전략적 기도가 곧 현대 선교의 시작점이었다. 더불어 장애를 지닌 여동생의 지속적이고도 간절한 기도가 위대한 개척 선교를 가능케 했다. 미국에서의 선교 운동은 1806년 매사추세츠 주 윌리엄 대학의 몇몇 학생들이 건초더미에서 기도하면서 시작되었다. 그들은 세상의 잃어버린 영혼들을 위해 열정적으로 기도했는데, 이들이 미국 선교의 부흥을 주도했다.

선교사를 위한 효과적인 중보기도 요령은 다음과 같다.

첫째, 상세하게 기도하라. 추상적으로 기도하지 말고 선교사의 특별한 필요를 위해서 기도하라.

둘째, 알고 기도하라. 선교사가 섬기는 나라, 소속 선교 단체, 사역지의 상황 등을 알고 기도하라. 조력자들과 현지인들에게 성경의 진리가 전파되도록 기도하며 특히 중요한 행사를 위해서 기도하라.

셋째, 지속적으로 기도하라. 매일 일정한 시간에 기도하면 더욱 좋다. 예를 들어, 저녁 식사 전 2분 동안 선교사와 그의 특별한 필요를 위해 기도하라. 이메일을 받았을 때는 바로 기도하라.

넷째, 자녀들을 위해서 기도하라. 선교사는 헌신하지만 자녀들은 그렇지 않은 경우가 많다. 선교 사역을 중도 포기하는 이유 중의 하나가 바로 자녀 문제이다. 선교사 자녀의 안전과 건강, 문화 적응, 관계 적응 등을 위해 기도하라.

다섯째, 기도 제목을 구하라. 선교사를 위한 기도 제목은 기도 편지, 국제 뉴스, 선교사의 방문, 선교 단체의 기도 정보지, 세계 기도 정보, 미전도 종족 관련 책자 등을 통해 구할 수 있다.

이주자 선교, 환대하는 마음으로 섬기라

> 너희와 함께 있는 거류민을 너희 중에서 낳은 자 같이 여기며 자기 같이 사랑하라 너희도 애굽 땅

에서 거류민이 되었었느니라 나는 너희의 하나님 여호와이니라(레 19:34)

환대하는 마음을 가진 자는 외국인을 단지 열등한 이방 민족으로 취급하거나 자기 나라에 위협적인 존재로 보지 않는다. 오히려 그리스도의 사랑과 진리를 증거할 수 있는 절호의 기회로 생각한다.

현재 전 세계적으로 기독교 선교사의 입국을 금지하거나 선교 활동을 법적으로 금하는 국가만 100여 개국에 이르고 앞으로도 계속해서 늘어날 것으로 보인다. 따라서 이주자 선교라고도 불리는 이 환대 사역이 중요한 영역으로 주목을 받고 있다.

우리는 국내에 거주하는 외국인들을 단순히 돈을 벌기 위해 와 있는 노동자로 보지 말고 하나님께서 우리를 통해 그들에게 복음을 듣게 하시려고 보내 주신 복음에 목마른 영혼으로 보는 시각을 가져야 한다.

일반적으로 외국인들은 타국인 우리나라에 체류하는 동안 육체적, 정서적, 영적으로 더 많은 갈급함을 느끼게 된다. 또 경우에 따라 복음 전도에 제한을 받는 국가가 있는데, 그곳에서 온 외국인들이 우리나라에 체류하는 동안만큼은 그러한 제한 없이 복음을 전하고 나눌 수 있다. 또한 우리나라에서 생활하는 외국인들 중에는 비교적 고학력층이 많다. 따라서 고국으로 돌아갔을 때 사회적 지도층에서 일하게 될 가능성 있는 사람이 많다. 이들이 한국에 체류하는 동안 우리의 환대를 통해 하나님을 알게 된다면, 그들은 곧바로 자기 모국을 위한 소중한 선교 자원이 되는 것이다.

환대 사역은 자국에서 타 문화권 선교를 진행하는 유익함을 누리게 할 뿐 아니라 선교지로 나갈 예비 선교사들에게도 좋은 경험을 갖게 한다. 환대 사역을 통해서는 외국에 나가지 않고도 타 문화를 실제적으로 이해하고 접할 기회가 생기므로, 장래의 사역을 준비하고 안목을 확장하는 시간으로 삼을 수 있다. 이주자들에 대한 우리들의 환대와 사랑을 전하는 이주자 사역이 복음을 땅 끝까지 전하는 선교의 첨병이 되는 그날을 위해 함께 기도하며 헌신하길 권한다.

국내 체류 외국인 추이

(명)

	2004	2005	2006	2007	2008	2009	2010	2011	2012	2013	2014
명	75	75	91	107	116	117	126	140	145	158	180

출처: 법무부 출입국외국인정책본부, 통계월보(2014.12)

주어진 달란트로 하는 '전문선교'

우리는 하나님이 주신 달란트와 직업으로 선교 사역에 헌신할 수 있다. 그뿐만 아니라 우리가 살아오면서 쌓은 경험만 잘 활용해도 얼마든지 선교 사역을 해낼 수 있다.

당신의 지나온 시간을 돌아보라. 혹시 과학 기술과 관련된 지식이나 경험이 있는가? 그렇다면 그 경험은 선교에 매우 유용하게 활용할 수 있을 것이다. 선진국과 개발도상국의 일부만이 누리고 있는 현대의 고도로 발전한 과학과 기술의 혜택을 선교지에까지 확대하는 과정에서 선교사들의 현장 사역을 도울 수 있는 것이다. 다만 선진국의 과학 기술을 소득 수준이 낮은 선교지에 그대로 적용하기는 어려울 것이다. 따라서 필요한 비용과 기술 수준을 선교지 현장 눈높이에 맞춘 '적정 기술 선교'가 이루어져야 한다.[1]

비즈니스나 기업체 근무 경험을 살린 비즈니스 선교의 기회도 열려 있다. 비즈니스 선교는 비즈니스와 삶과 신앙을 연결하여 선교사의 신분으로는 들어갈 수 없는 지역을 선교하게끔 한다는 이점이 있다. 주로 비즈니스에 달란트가 있는 성도가 선교 비전을 갖고 성경적 가치에 부합하는 이윤을 추구하며 비즈니스 현장에서 제자를 양육하고 선교하는 전략이다. 지금껏 그 성공 사례가 많지는 않았으나, 최근 선교사에 대하여 문을 걸어 잠근 국가들이 늘어나는 상황을 돌파하기 위해서 필요한 선교 전략이다. 아울러 선교지에서 예수님을 영접한 성도들이 소속 지역 사회로부터 핍박 받고 고립되는 경우가 적지 않은데, 이들에게 상실한 삶의 터전을 마련해 주는 훌륭한 대안이 될 수도 있으므로 주목해야 한다.[2]

선교 활동을 법적으로 금지하는 국가를 대상으로 국경을 넘나들면서 복음을 전하는 사역으로는 인터넷 선교가 있다. 말 그대로 인터넷이라는

---

1 이 사역은 1995년 국제과학기술선교회(SEM)에서 시작되었으며, 기술과학경영 전문인 선교 단체(FMnC)가 특히 IT 분야를 중심으로 하여 과학 기술 선교의 영역을 넓혀 가는 중이다.
2 최근 비즈니스 선교를 돕기 위해 IBA(International BAM Alliance)와 같은 기관에서 각종 포럼, 컨퍼런드 등을 세계적 규모로 개최해 각국의 교회와 선교 단체의 네트워킹을 돕고 있다.

매체를 통해 선교에 참여하고, 지원하며, 동역하는 사역이다. 인터넷 선교에 동참할 수 있는 분야로는 인터넷 시스템 운영, 인터넷 선교 웹디자인, 컨텐츠의 유지 관리, 인터넷 선교 기획, 인터넷 선교 상담, 인터넷 선교자료 개발, 선교지를 위한 인터넷교회 개척 및 사역 등이 있는데 IT전문가가 아닌 일반인도 얼마든지 동참할 기회가 많은 점을 이해하여 적극 활용하는 것이 좋다.[3]

이외에도 선교지의 열악한 식량 자급 환경을 지원하기 위해 농업 및 축산 기술을 활용한 농축산업 선교도 진행되고 있으며, 이·미용기술을 배워서 선교지를 섬기는 이들도 있다. 한류 열풍이나 한국에 일자리를 구하러 오는 근로자를 대상으로 한국어를 가르치기 위해 필요한 과정을 이수하여 선교에 활용하는 사람들도 적지 않다. 이외에도 우리가 갖고 누리는 많은 달란트와 경험과 문화 등은 마음만 먹으면 얼마든지 선교 자원으로 활용할 수 있는 것들이다.

선교의 두 기둥 '교회'와 '선교 단체'

선교는 교회와 선교 단체 간의 적절한 역할 분담을 통해 이루어진다. 하나님은 부르시고, 교회는 보내고,

---

3 대표적인 인터넷 선교 단체로는 세계인터넷선교학회(SWIM: Society for World Internet Mission)와 한국컴퓨터선교회(KCM, Korea Computer Mission) 등이 있다.

선교 단체는 사역을 돕는다. 교회와 선교 단체는 선교의 두 기둥이다.

선교의 모체는 교회이다. 교회가 건강하지 못하면 건강한 선교를 낳을 수 없다. 교회에는 선교에 필요한 자원이 있다. 교회의 자원은 사람과 기도와 재정이다. 교회는 선교사 자원을 배출, 파송하고 기도와 재정 후원을 통해 지속적으로 지원하며 선교 운동을 통해 이를 재생산한다. 선교사는 교회에 대해 선교 사역을 수행하고, 보고와 청지기의 의무를 감당한다. 선교 단체는 전문성과 정보를 가지고 있다. 선교 단체는 행정을 전담하여 선교사 지원 및 관리, 선교 정책 수립 및 전략의 개발, 사역의 평가, 새로운 선교지 개발 등을 실시한다.

한편 선교사를 파송하는 방법에는 세 가지가 있다.

첫째는 교회가 직접 파송하는 것이다. 교회가 직접 선교에 참여하며 선교 단체의 역할을 대신하여 선교사를 보내는 방식이다. 선교사는 교회의 소속이므로 교회가 재정 지원, 행정 지원, 선교 사역 지도까지 담당한다. 이 방법의 장점은 교회가 선교에 대한 주도권과 소유의식을 지닐 수 있으며 선교사와의 관계도 깊어지게 된다는 것이다. 단점으로는 선교에 대한 전문 지식이 없어 선교사가 충분히 훈련하고 준비하지 못할 수 있다는 것이다.

둘째, 선교 단체가 파송하는 방법이다. 교회가 단지 재정과 기도 지원만 하고, 선교사에게 필요한 모든 것은 선교 단체가 담당하는 방식이다. 따라서 교회는 선교 단체에 직접 지원하고 모든 결정권은 선교 단체가 갖는다. 이 방법의 장점은 선교 단체가 전문성을 살려 주도권을 갖고 선교 사역 지도를 할 수 있다는 것이다. 단점으로는 자칫 교회에서 선교에 대한 관심도가 낮아질 수 있고 성도들의 선교 참여도가 떨어지게 된다는 점을 들 수 있다.

셋째, 교회가 선교 단체와 동역자 관계에서 파송하는 방법이다. 즉, 교회가 재정과 기도를 지원하고 보내는 기관으로서 일하는 것이다. 그리고 선교 단체는 행정과 현장 사역 지도, 관리 담당, 선교 사역을 성취하도록 돕는 역할을 맡게 된다. 선교사는 교회와 선교 단체 두 곳 모두에 사역을 보고한다. 세 번째 방식은 첫째, 둘째 두 방식의 장점을 살리고 단점을 해소한 것이다.

우리는 이제 구원받은 성도라면 모두 선교를 해야 한다는 사실을 깨달았다. 이 땅에 도래한 하나님 나라의 확장을 위해, 그리고 하나님을 몰라 예배드리지 못 하는 미전도 종족 가운데 하나님의 영광을 선포하고 하나님이 기뻐하시는 영광을 올려드리기 위해 우리는 모두 선교를 사명으로 삼아야 한다. 이제 결단이 필요한 때다.

부록

온누리교회
선교 사역

1. 온누리교회 선교 비전 2000

온누리교회는 "이 땅 위에 사도행전적인 '바로 그 교회'를 다시 실현하자"는 비전을 품고서 1985년 창립되었다. 온누리교회가 지향하는 '바로 그 교회'의 핵심 가치의 중심에는 예수 그리스도의 복음을 땅 끝까지 전파하여 선교적인 공동체가 되겠다는 비전이 있다. 이 비전을 성취하기 위하여 온누리교회는 창립 당시부터 국내 및 해외 아웃리치를 실시했으며, 이것은 곧 선교사 파송으로 이어졌다. 이를 위해 1988년 두란노해외선교회(TIM)를 설립하여 전문적인 선교사 파송 및 관리와 전략적인 선교 사역을 시작했다.

온누리교회의 선교 열정은 1994년 "2010년까지 2000명의 선교사를 파송하겠다"는 'Vision2000'을 선포함으로써 절정에 이르렀다. 이 비전은 마태복음 28장 19-20절의 "모든 민족을 제자로 삼아 아버지와 아들과 성령의 이름으로 세례를 베풀고 내가 너희에게 분부한 모든 것을 가르쳐 지키게 하라"는 주님의 명령에 근거한다.

Vision2000이란 단지 한 교회가 하나의 선교적인 목표를 세워서 그것을 이뤄 보겠다는 차원에서 세워진 것이 아니다. 모든 종족에게 복음을 전하라는 예수님의 지상명령이 교회 존재의 이유이며, 주님의 다시 오심을 준비하는 길임을 공표하는 온누리교회의 신앙고백이다. 따라서 Vision2000에서 표명한 연도나 선교사 파송 목표 수가 비전의 핵심이 아니라 주님 오시는 날까지 복음을 전파하라는 사명을 교회의 최우선 과제로 삼고 이 사명에 충성하겠다는 믿음의 고백이 핵심이라고 할 수 있다.

2. 온누리 선교 역사

단계	중점	세부내용
1단계(1995~1998)	탐색	미전도 종족 선정 및 입양 온누리 미션 사역 이천만 선교 훈련원 개원 선교사 파송 선교베이스 구축
2단계(1999~2002)	정착	온누리세계선교센터(OWMC) 개원 선교사 동원 및 훈련 전 성도 비전 공유 선진 선교 전략 도입 선교 제도와 규정 정비
3단계(2003~2005)	성숙	심화된 선교 전략 수립 CGN 위성방송 시작 전 성도 선교 동역화
4단계(2006~2007)	도약	선교 베이스 확장 안산 M 센터 개원 본격적인 현지인 지도자 양성
5단계(2008~2009)	부흥	선교 사역의 기반 확립 해외 비전교회 개척 비전 교회 선교사 파송 현지인 지도자를 통한 현지 교회 활성화
6단계(2010~)	달성	개척 선교지 확장 현지 교회를 중심으로 한 새 비전 전략 수립 차세대 선교 전략 도입
7단계(2014~)		융합 선교 전략 수립

3. 선교 파송 누계

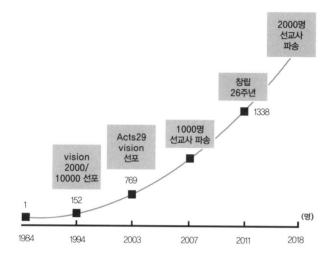

2000명
선교사
파송

창립
26주년

1338

1000명
선교사 파송

Acts29
vision
선포

769

vision
2000/
10000 선포

152

1

(명)

1984   1994   2003   2007   2011   2018

출처 : 1. 연간 업무정리 내부 자료

2. 온누리 행전 2014년

3. 온누리신문

* 선교 5대 기관

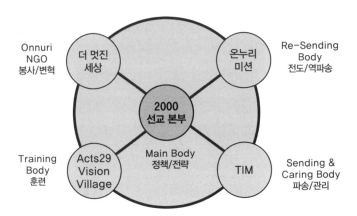

1) 2000선교(Main Body)

- 온누리 선교 조직(4개 부서) 대표 : 당회(교회) 및 대외적으로 온누리 선교를 대표함.
- 선교 정책 및 전략 수립, 시행.
- 재정 확보, 사역 예산 계획 수립 및 실행 감독.
- 교회 내 모든 사역의 역량을 선교 비전에 집중시켜, Vision 2000 을 실현시킴.
- 교회와 각 선교 부서를 연결시키는 책임적 역할을 수행함.
- 교회 내 선교 자원을 동원하며, 선교 정책과 전략을 발전시킴.

2) 두란노 해외선교회(TIM)

- 파송 선교 단체(Sending Body)로서 온누리교회
  의 Vision2000 수행을 위해 선교사를 파송, 후
  원, 관리하고 온누리교회의 실제적인 선교 사역
  을 담당함.
- 피드백, 전략회의, 세미나 및 각종 수단을 통하
  여 선교 전략을 발전시키고 실행하는 선교 단체
  로서의 역할을 수행함.

3) Acts29 Vision Village

- 온누리교회의 선교 훈련센터(Training Body)로서
  선교사(장, 단기) 훈련과 안식년 선교사 대상 선교
  재훈련 등 제반 선교 훈련을 총괄, 담당함.

4) 온누리미션

- 국내에 거주하는 외국인 근로자들에게 복음을
  전파함.
- 훈련된 현지인 리더를 선교사로 파송, 본국에서
  교회를 개척할 수 있도록 함.
- 장기적으로 100개 국가 예배공동체 개척 비전
  을 선포함(현재 22개국 40여개 종족).

5) 더 멋진 세상(The Better World)

- 아프리카, 남아시아, 국내 및 북한을 중심으로 아동 보호, 긴급 구호, 의료 및 교육, 지원 등의 NGO 활동을 전개함.
- 복음 전도와 함께 물질적 지원과 자원 봉사활동으로 기아와 교육 등 사회적 문제 해결과 지역 개발을 통해 사회 전체의 변혁적 회복을 추구함.

5. 교회 내 성도 공동체 선교

국내 10개 캠퍼스 및 30개 해외비전교회에 소속된 모든 공동체는 다락방별로 연결된 선교사들을 위한 기도와 '선교사 돌봄' 사역을 통해 선교사들의 소속감과 유대감을 고취하는 동시에 공동체의 선교 동원과 선교 역량을 강화한다.

이를 위해 공동체 선교 사역자는 선교 본부로부터 배정받은 책임 선교사를 다락방에 배정한다. 다락방장은 책임 선교사와의 연락을 유지하면서 선교사의 기도 제목을 'iCare 시스템 → 선교'에 입력하며 선교사 국내 방문 시 순 예배 참석 및 돌봄 활동을 주도한다.

순장은 책임 선교사의 기도 제목을 열람하고 모든 순원이 기도하도록 인도하며 다락방장의 안내에 따라 선교사 섬김에 동참한다.

6. 선교사 허입

1) 선교사의 기본 자질을 충족시켜야 한다.
- 명확한 선교적 소명을 소유한 자
- 타 문화권 사역을 위한 신앙과 인격을 구비한 자
- 기초 선교 및 신앙훈련과정을 이수한 자

2) 온누리교회와 신앙고백과 비전을 같이 해야 한다.
- 명확한 선교적 소명을 소유한 자
- 온누리교회에 등록한 지 2년 이상 경과한 자
- 다음 교육을 반드시 이수하고 온누리교회에서 적절한 양육과 섬김을 경험한 자

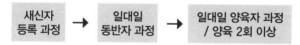

3) 온누리교회가 인정하는 국내외 선교 단체에 소속되어 선교사로 허입되어야 한다.

4) 온누리교회에서 인정하는 국내외 선교 단체 훈련을 이수해야 한다.
- TIM을 제외한 타 선교 단체 선교사는 TP/OSOM 선교 훈련 과정을 반드시 이수해야 함

5) 기도 및 재정 후원을 위해 반드시 '후원회'를 구성해야 한다.

TIM (Tyrannus International Mission): 두란노해외선교회
OSOM (Onnuri School Of Missions): Acts29 Vision Village에서 시행하는 장기 선교사 훈련
TP (Turning Point) : Acts29 Vision Village에서 시행하는 단기 선교사 훈련

※ 사역 기간에 따른 선교사 구분
　장기 선교사 : 5년 이상
　단기 선교사 : 2년 이상

참고문헌

1

존 파이퍼, 김대영 역 ≪열방을 향해 가라≫ (좋은 씨앗, 2003)

크리스토퍼 라이트, 한화룡·정옥배 역 ≪하나님의 선교≫ (IVP, 2010)

크리스토퍼 라이트, 한화룡 역 ≪하나님 백성의 선교≫ (IVP, 2012)

랄프 윈터·스티브 호돈·한철호, 정옥배 외 3인 역 ≪퍼스펙티브스 1≫ (예수전도단, 2010)

2

월터 카이저, 임윤택 역 ≪구약성경과 선교: 이방의 빛 이스라엘≫ (기독교문서선교회, 2005)

윌리엄 랄킨 2세·조엘 윌리엄스, 홍용표·김성욱 역 ≪성경의 선교신학≫ (이레서원, 2001)

존 스토트, 정옥배 역 ≪데살로니가전후서 강해≫ (IVP, 1993)

존 파이퍼, 김대영 역 ≪열방을 향해 가라≫ (좋은 씨앗, 2003)

크리스토퍼 라이트, 한화룡·정옥배 역 ≪하나님의 선교≫ (IVP, 2010)

3

김명혁 ≪선교의 성서적 기초≫ (성광문화사, 1997)

도날드 시니어·캐럴 슈툴뮐러, 최성일 역 ≪선교의 성서적 기초≫ (다산글방, 2003)

데이비드 J. 보쉬, 김병길·장훈태 역 ≪변화하고 있는 선교≫ (CLC, 2000)

윌리엄 랄킨 2세·조엘 윌리엄스, 홍용표·김성욱 역 ≪성경의 선교신학≫ (이레서원, 2001)

조지 피터스, 김성욱 역 ≪선교성경신학≫ (크리스찬출판사, 2004)

Johannes Blauw ≪The Missionary Nature of the Church≫ (Grand Rapids: Eerdmans, 1974)

4

루스 터커, 오현미 역 ≪선교사 열전≫ (복있는 사람, 2015)

스티븐 니일, 홍치모 역 ≪기독교 선교사≫ (성광문화사, 1990)

안희열 ≪세계 선교 역사 다이제스트 100≫ (침례신학대학교 출판부, 2013)

허버트 케인, 박광철 역 ≪기독교 세계 선교사≫ (생명의말씀사, 1981)

5

김승태 ≪내한 선교사 총람≫ (한국기독교역사연구소, 1994)

김영재 ≪한국교회사≫ (합신대학원출판부, 1992)

박용규 ≪한국기독교회사 1≫ (생명의말씀사, 2004)

박응규 ≪한부선 평전≫ (그리심, 2004)

서우드 홀, 김동열 역 ≪닥터 홀의 조선 회상≫ (좋은씨앗, 2003)

윌리엄 그리피스, 이만열 역 ≪아펜젤러≫ (IVP, 2015)

유해석 ≪토마스 목사전≫ (생명의말씀사, 2006)

이만열 ≪한국 기독교 수용사 연구≫ (두레시대, 1998)

이용남 ≪복음에 미치다≫ (두란노, 2007)

정연희 ≪이야기 선교사 양화진≫ (홍성사, 1992)

6

랄프 윈터·스티브 호돈·한철호, 정옥배 외 3인 역 ≪퍼스펙티브스 2≫ (예수전도단, 2010)

손창남 ≪문화와 선교≫ (죠이선교회, 2014)

폴 히버트, 김동화 외 3인 역 ≪선교와 문화인류학≫ (죠이선교회, 2014)